プリント形式のリアル過去問で本番の臨場感！

埼玉県
県立

伊奈学園中学校

2025年春受験用

解答集

本書は，実物をなるべくそのままに，プリント形式で年度ごとに収録しています。
問題用紙を教科別に分けて使うことができるので，本番さながらの演習ができます。

■ 収録内容

・解答集（この冊子です）

書籍ＩＤ番号，この問題集の使い方，最新年度実物データ，リアル過去問の活用，
解答例と解説，ご使用にあたってのお願い・ご注意，お問い合わせ

・2024（令和６）年度 ～ 2018（平成30）年度　学力検査問題

JN132576

○は収録あり

年度	'24	'23	'22	'21	'20	'19
■ 問題(作文Ⅰ・作文Ⅱ)	○	○	○	○	○	○
■ 解答用紙	○	○	○	○	○	○
■ 配点	○		○	○	○	○

全分野に解説
があります

上記に2018年度を加えた7年分を収録しています
2021年度より放送による問題(英語)を実施(リスニングの原稿は収録していますが音声は収録していません)
注)問題文等非掲載:2024年度作文Ⅰの3，2022年度作文Ⅰの2と3

問題文などの非掲載につきまして

著作権上の都合により，本書に収録している過去入試問題の本文や図表の一部を掲載しておりません。ご不便をおかけし，誠に申し訳ございません。

教英出版

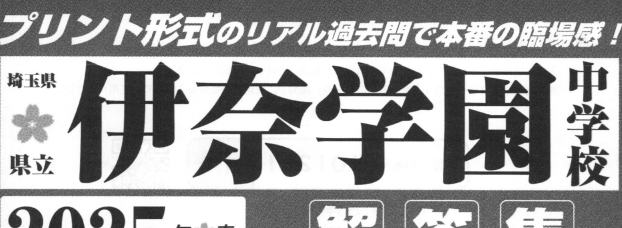

■ 書籍ＩＤ番号

入試に役立つダウンロード付録や学校情報などを随時更新して掲載しています。
教英出版ウェブサイトの「ご購入者様のページ」画面で，書籍ＩＤ番号を入力してご利用ください。

書籍ＩＤ番号　101211

（有効期限：2025年9月30日まで）

【入試に役立つダウンロード付録】
「要点のまとめ（国語／算数）」
「課題作文演習」ほか

■ この問題集の使い方

年度ごとにプリント形式で収録しています。針を外して教科ごとに分けて使用します。①片側，②中央のどちらかでとじてありますので，下図を参考に，問題用紙と解答用紙に分けて準備をしましょう（解答用紙がない場合もあります）。

針を外すときは，けがをしないように十分注意してください。また，針を外すと紛失しやすくなりますので気をつけましょう。

① 片側でとじてあるもの

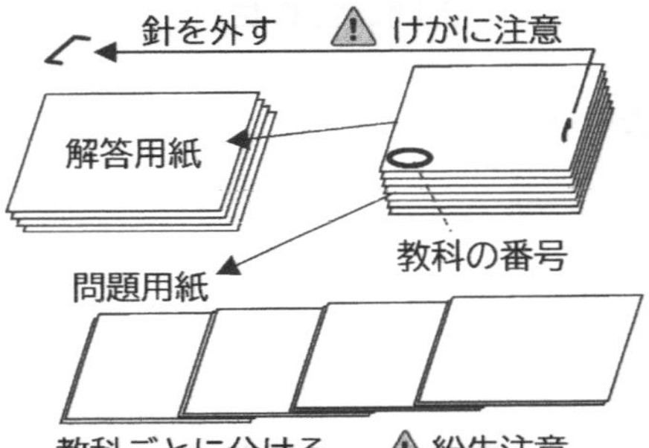

② 中央でとじてあるもの

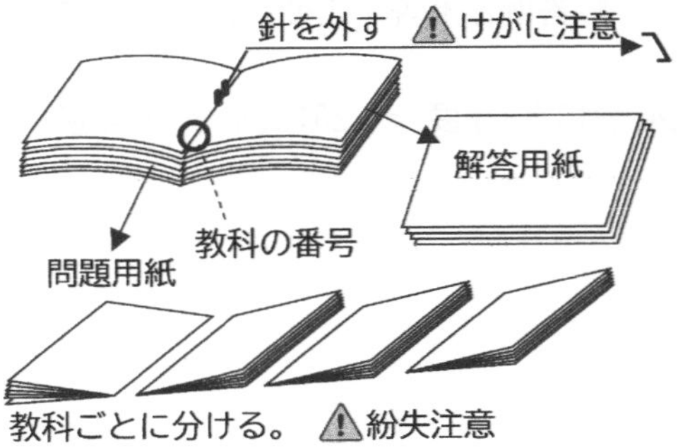

※教科数が上図と異なる場合があります。
解答用紙がない場合や，問題と一体になっている場合があります。
教科の番号は，教科ごとに分けるときの参考にしてください。

■ 最新年度 実物データ

実物をなるべくそのままに編集していますが，収録の都合上，実際の試験問題とは異なる場合があります。実物のサイズ，様式は右表で確認してください。

問題用紙	Ａ４冊子（二つ折り）
解答用紙	Ａ３片面プリント

リアル過去問の活用

～リアル過去問なら入試本番で力を発揮することができる～

本番を体験しよう！

問題用紙の形式（縦向き / 横向き），問題の配置や余白など，実物に近い紙面構成なので本番の臨場感が味わえます。まずはパラパラとめくって眺めてみてください。「これが志望校の入試問題なんだ！」と思えば入試に向けて気持ちが高まることでしょう。

入試を知ろう！

同じ教科の過去数年分の問題紙面を並べて，見比べてみましょう。

① 問題の量

毎年同じ大問数か，年によって違うのか，また全体の問題量はどのくらいか知っておきましょう。どのくらいのスピードで解けば時間内に終わるのか，大問ひとつにかけられる時間を計算してみましょう。

② 出題分野

よく出題されている分野とそうでない分野を見つけましょう。同じような問題が過去にも出題されていることに気がつくはずです。

③ 出題順序

得意な分野が毎年同じ大問番号で出題されていると分かれば，本番で取りこぼさないように先回りして解答することができるでしょう。

④ 解答方法

記述式か選択式か（マークシートか），見ておきましょう。記述式なら，単位まで書く必要があるかどうか，文字数はどのくらいかなど，細かいところまでチェックしておきましょう。計算過程を書く必要があるかどうかも重要です。

⑤ 問題の難易度

必ず正解したい基本問題，条件や指示の読み間違いといったケアレスミスに気をつけたい問題，後回しにしたほうがいい問題などをチェックしておきましょう。

問題を解こう！

志望校の入試傾向をつかんだら，問題を何度も解いていきましょう。ほかにも問題文の独特な言いまわしや，その学校独自の答え方を発見できることもあるでしょう。オリンピックや環境問題など，話題になった出来事を毎年出題する学校だと分かれば，日頃のニュースの見かたも変わってきます。

こうして志望校の入試傾向を知り対策を立てることこそが，過去問を解く最大の理由なのです。

実力を知ろう！

過去問を解くにあたって，得点はそれほど重要ではありません。大切なのは，志望校の過去問演習を通して，苦手な教科，苦手な分野を知ることです。苦手な教科，分野が分かったら，教科書や参考書に戻って重点的に学習する時間をつくりましょう。今の自分の実力を知れば，入試本番までの勉強の道すじが見えてきます。

試験に慣れよう！

入試では時間配分も重要です。本番で時間が足りなくなってあわてないように，リアル過去問で実戦演習をして，時間配分や出題パターンに慣れておきましょう。教科ごとに気持ちを切り替える練習もしておきましょう。

心を整えよう！

入試は誰でも緊張するものです。入試前日になったら，演習をやり尽くしたリアル過去問の表紙を眺めてみましょう。問題の内容を見る必要はもうありません。どんな形式だったかな？受験番号や氏名はどこに書くのかな？…ほんの少し見ておくだけでも，志望校の入試に向けて心の準備が整うことでしょう。

そして入試本番では，見慣れた問題紙面が緊張した心を落ち着かせてくれるはずです。

※まれに入試形式を変更する学校もありますが，条件はほかの受験生も同じです。心を整えてあせらずに問題に取りかかりましょう。

伊奈学園中学校　2024 令和6年度　作文Ⅰ

《解答例》

1 問1．⑴ラグビー　⑵フランス／ラグビーワールドカップ　問2．⑴12　⑵サーフィン／音楽を聞いたりします　⑶美しい花　問3．テニスの試合を見ることができません

2 問1．ユーラシア　問2．気温はあまり変わらないが，降水量は秋田市のほうが多い。　問3．値段の安い外国製品が売れるようになり　問4．朝鮮半島をめぐって日本と清が対立しています。その様子をロシアが見ています。　問5．選挙で選ばれた国会議員によって，国会議員の中から指名される。

3 問一．ア．無茶ぶりである　イ．方法を考える　問二．思いついた方法を形にしたい　問三．ママのことを思いながらシロツメクサの花を持てるだけ摘んでくることならできそうだと、張り切っている　問四．よつばの代わりにこんなにいいお守りをママにわたせそうなことに安心

4 〈作文のポイント〉

・最初に自分の主張、立場を明確に決め、その内容に沿って書いていく。

・わかりやすい表現を心がける。自信のない表現や漢字は使わない。

さらにくわしい作文の書き方・作文例はこちら！→https://kyoei-syuppan.net/mobile/files/sakupo.html

《解　説》

1 **問1**　放送文の訳　ゆうき「ジェフ，私はスポーツが好きよ。テニスが大好きなの。あなたはどう？」→ジェフ「⑴僕はラグビーが好きだよ。ラグビーは僕の母国オーストラリアで人気があるよ」→ゆうき「⑵ラグビーワールドカップのフランス大会をテレビで見たよ。あなたは見た？」→ジェフ「もちろん！僕も見たよ」

問2　放送文の訳　「僕はオーストラリアの夏についてお話ししたいと思います。日本では 12 月は冬ですが，僕の国では夏です。そして，オーストラリアの夏は面白いです！⑴僕たちの夏休みは 12 月に始まります。⑵友達とサーフィンを楽しんだりビーチで音楽を聞いたりします。⑶夏にはたくさんの美しい花を見ることができます。聞いてくれてありがとうございました」

問3　放送文の訳　ゆうき「テニスの試合を見たいよ」→ジェフ「ああ，明日はスペインで大きな大会が始まるね」→ゆうき「試合は何時から？」→ジェフ「ええと，日本では夕方の５時に試合を見ることができるよ」→ゆうき「そうなの？私は試合を見ることができないわ。５時にピアノのレッスンがあるの」

2 **問1**　６つの大陸は，ユーラシア大陸，アフリカ大陸，北アメリカ大陸，南アメリカ大陸，オーストラリア大陸，南極大陸である。ユーラシアは，ユーロッパ(Europe)とアジア(Asia)の造語。

問2　棒グラフが降水量を示している。アンカラは，夏に乾燥し，冬に雨が降る地中海性気候である。

問3　1858 年，大老の井伊直弼は朝廷の許可を得ないで，日米修好通商条約に調印した。この条約は，日本に関税自主権がなく，相手国の領事裁判権を認めた不平等条約であり，これと同等の条約が，イギリス・フランス・ロシア・オランダとも結ばれた(安政の五か国条約)。関税をかけると，輸入品が日本で売られる際の商品価格が上がるので，安い外国産ばかりが売れ，日本の商品が売れなくなることを防ぎ，自国の産業を守ることができる。

問4　日露戦争の，絵に描かれた国際関係の説明の文章表現を参考にする。魚(朝鮮)を手に入れようとする日本(左側)と清(右側)の争いを見て，漁夫の利を狙うロシアを表現している。

問5　国会の信任に基づいて存立する内閣が，国会に対して連帯して責任を負う仕組みを議院内閣制という。日本のほか，イギリス，ドイツ，スウェーデン，オランダなども議院内閣制を採用している。

3　著作権上の都合により文章を掲載《けいさい》しておりませんので、解説も掲載しておりません。ご不便をおかけし、誠に申し訳ございません。

伊奈学園中学校　2024 令和6年度　作文Ⅱ

《解答例》

1　問１．60　求め方…まず，写真の縮尺を求めます。ひかるさんの身長が140 cmで，写真にものさしをあてると７cmになっていることから，$7 \div 140 = \frac{1}{20}$で，$\frac{1}{20}$です。次に，写真の表彰台の２位の高さは，ものさしをあてると３cmになっていることから，$3 \times 20 = 60$ で，60 cmとわかります。　問２．７　残り…なし

問３．⑴赤／赤／赤／１つの色を何回も使うことを考えている　⑵６　考え…右図

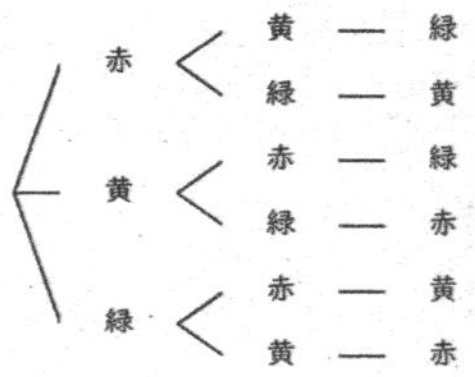

2　問１．断層　問２．火山のふん火による火山灰が積もることでできる。　問３．川の曲がっているところの外側の方が，けずるはたらきが大きい。

3　問１．水よう液　問２．16，18　問３．ミョウバンは水の温度が上がれば上がるほど，とける量のふえ方が大きくなっていくが，食塩は温度が上がっても少ししか増えない。　問４．記号…イ　理由…グラフ１を見ると，ミョウバンは60℃の水100mLに約60ｇとける。グラフ２より，ものがとける量は水の量に比例しているので，60℃の水10mLにとけるミョウバンの量は約６ｇである。よって，それを表しているグラフはイであるため。

4　問１．$4 \times x = 12$　問２．A×Q＋R＝P

問３．CはAの倍数です。また，AはCの約数です。(下線部はBでもよい)　問４．⑴１，２，３，４，６，12

⑵48の約数…１，２，３，４，６，８，12，16，24，48

求め方…48をメモ２のような式で表すと，次のようにできます。１×(２×２×２×２×３)＝48…約数１，48

２×(２×２×２×３)＝48…約数２，24　(２×２)×(２×２×３)＝48…約数４，12

(２×２×２)×(２×３)＝48…約数８，６　(２×２×２×２)×３＝48…約数16，３

以上から，約数は１，２，３，４，６，８，12，16，24，48です。

《解　説》

1　**問１**　解答例のように写真の縮尺を求めてもよいが，２位の台の高さとひかるさんの背の高さの比が$3 : (10-3) = 3 : 7$となることから，２位の台の高さを，$140 \times \frac{3}{7} = 60$(cm)と求めてもよい。

問２　台の高さは２位が60 cmだから，１位は$60 \times \frac{3}{2} = 90$(cm)，３位は$60 \times \frac{1}{2} = 30$(cm)である。

１位の台は１辺が90 cmの立方体だから，90 cm×90 cmの板が６枚必要である。さらに，２位と３位の直方体の底面も同じ大きさだから，90 cm×90 cmの板が全部で，$6 + 2 \times 2 = 10$(枚)必要である。材料の長方形の板１枚から，この板を２枚取ることができるので，この時点で材料の長方形の板は$10 \div 2 = 5$(枚)必要である。

他には，２位の直方体の側面に，90 cm×60 cmの板が４枚，３位の直方体の側面に，90 cm×30 cmの板が４枚必要である。材料の長方形の板１枚から，90 cm×60 cmの板を３枚取ることができる。また，材料の長方形の板１枚から，90 cm×60 cmの板を１枚と，90 cm×30 cmの板を４枚取ることができる。

よって，材料の長方形の板は最少で，$5 + 1 + 1 = 7$(枚)必要であり，残りはでない。

問３⑴　同じ色を２回以上使っているものを例にあげて説明すればよい。

⑵　樹形図を正確にかき，数えればよい。

2 **問２**　地層には水のはたらきによってできるものと，火山のはたらきによってできるものがある。

問３　川の曲がっているところでは，内側より外側の方が水の流れが速く，地面をけずるはたらきが大きいため，がけになりやすい。また，内側では土砂を積もらせるはたらきが大きくなり，川原ができやすい。

3 **問２**　20℃で 50mL の水にとける食塩の最大の量は，Ａ班の結果から 15ｇ以上 18ｇ未満，Ｂ班の結果から 16ｇ以上 20ｇ未満，Ｃ班の結果から 15ｇ以上 20ｇ未満とわかる。よって，16ｇ以上 18ｇ未満にしぼりこめる。

4 **問１**　12÷４＝xのxを求めるとき，４の段の九九で答えが 12 になるところを探すので，４×x＝12 となるxを探すことになる。

問２　「ＰをＡでわったときの商がＱであまりがＲである」ということは，Ｐ÷Ａ＝Ｑ余りＲ，ということである。ＰからＲを引くとＡで割り切れて，商がＱになるということなので，ＰよりＲだけ小さい数はＡ×Ｑである。したがって，Ａ×Ｑ＋Ｒ＝Ｐとなる。

問３　Ａ×Ｂ＝Ｃから，ＣはＡの倍数であり，Ｂの倍数でもある。また，Ｃ÷Ａ＝ＢまたはＣ÷Ｂ＝Ａだから，ＡはＣの約数であり，ＢもＣの約数である。

問４⑴　１×（２×２×３）＝12 より，１×12＝12 だから，１と 12 は 12 の約数である。

（１×２）×（２×３）＝12 より，２×６＝12 だから，２と６は 12 の約数である。

（１×２×２）×３＝12 より，４×３＝12 だから，４と３は 12 の約数である。

⑵　ひかるさんの説明にあるように，「12 を１以外のできるだけ小さい整数で，商が１になるまでわりきれる計算をしつづけて」いくと，「できるだけ小さい素数でわりつづける」のと同じ結果になる。したがって，48 の場合は筆算でかくと右図のようになるから，２×２×２×２×３＝48 とわかる。

2) 48
2) 24
2) 12
2) 6
3

《解答例》

1 問１．カナダ／ブラジル　問２．牛肉／ソーセージ／玉ねぎ／とうもろこし　問３．1000，100，900

2 問１．18　問２．エ　問３．病気が広まったり，地震や反乱が起こったりして，社会に不安が広まっていました。　問４．市役所から市議会に建設案が提出され，市議会は話し合いを行い，防災センターを建設することを決めました。　問５．資料６は，資料５と異なり，川が増水したときに川の下に沈むので，流木や土砂が引っかかりにくくなり，橋がこわれにくいという特ちょうがある。

3 問一．ヒロインキャラになる　問二．ア．左耳に髪をかける　イ．必ずスープから飲む　問三．転校を機に変わろうとして無理していることを見ぬかれて、おどろいている　問四．萌ちゃんのことばかり考えるのをやめ、はじめてきちんとクラスメートや教室に目を向けた

4 （例文）

私の心に残っている出来事は、家で初めてカレーを作った時のことです。家族みんながおいしいと言ってたくさん食べてくれたことがうれしかったので、よく覚えています。火を使って調理をするのはこの時が初めてだったので、きん張しました。また、たくさんの野菜を切るのも大変でした。そのため、無事完成した時に味わった達成感はとても大きかったです。

《解　説》

1 **問１**　ゆうき「このスーパーマーケットではたくさんの食材が手に入るよ」→マイク「このぶた肉はカナダ産だね。僕はぶた肉が大好きだよ」→ゆうき「私も。あ，この牛肉はオーストラリア産，このとり肉はブラジル産だよ」→マイク「このスーパーマーケットの食材は多くの国から来ているんだね！」より，ぶた肉はカナダ産，とり肉はブラジル産である。

問２　ゆうき「マイク，バーベキューに何を買いたい？」→マイク「牛肉とソーセージを買いたいよ」→ゆうき「うん。野菜も必要だね」→マイク「ああ，そうだね。じゃあ，玉ねぎととうもろこしはどう？」→ゆうき「うん。いい考えだね」より，２人が買おうとしている４つの食材は牛肉，ソーセージ，玉ねぎ，とうもろこしである。

問３　店員「いらっしゃいませ，お元気ですか？」→マイク「元気です，ありがとう。全部でいくらですか？」→店員「1000円です」→マイク「あ，待ってください！クーポンがあります。これです！」→店員「かしこまりました。この10%OFFクーポンをご利用いただけます」→マイク「わかりました。では，100円引きになりますよね？」→店員「はい」→マイク「はい，どうぞ」→店員「ありがとうございます」より，買う物の合計金額は1000円，クーポンによる割引は100円だから，マイクが支払《しはら》うのは1000－100＝900(円)である。

2 **問１**　18　少子高齢化が進む中で，若い世代に現在及び将来の日本のあり方を決める政治に関与してもらいたいという意図で，選挙権年齢が20歳から18歳に引き下げられた。選挙権の変遷については右表を参照。

選挙法改正年	納税条件	性別による制限	年齢による制限	全人口に占める有権者の割合
1889年	15円以上	男子のみ	満25歳以上	1.1%
1900年	10円以上	男子のみ	満25歳以上	2.2%
1919年	3円以上	男子のみ	満25歳以上	5.5%
1925年	なし	男子のみ	満25歳以上	19.8%
1945年	なし	なし	満20歳以上	48.7%
2015年	なし	なし	満18歳以上	83.3%

問２　エ　東日本が北アメリカプレート，西日本がユーラシアプレートにほとんどふくまれているのはウとエであり，西日本の太平洋沖でユーラシアプレートとフィリピン海プレートが，千葉県沖で北アメリカプレートと太平洋プレート，フィリピン海プレートの３つが接しているのはエである。

問3　720 年に九州地方で反乱が起こり，740 年に貴族の反乱が起こっている。また，734 年に大きな地震が起こり，３年後の 737 年に都で病気が広まっている。このことから，聖武天皇は乱れた世の中を仏教の力で安定させようとして，全国に国分寺を建てる命令を出し，奈良の都に東大寺を建て，大仏をつくる命令を出した。

問4　「ひかるさんたちのまとめ」を見ると，「防災センターをつくってほしいという要望」，「市役所は市民からの聞き取り」，「国や県に相談や申請」，「必要な補助や援助」，「市役所から指示」とあることから，資料４でも示されている，市議会と市役所のやり取りが抜けていることがわかる。市議会は，市役所(市長)から出された建設案を審議し，決定する役割があり，市議会が可決しないと市役所は防災センターをつくることができない。

問5　沈下橋には欄干《らんかん》がなく，増水時に川を流れてくる流木や土砂が橋にせき止められる危険性が少なくなる。自然を押さえつけるのではなく，あるがままの自然を受け入れ，折り合って生きていこうとして造られた橋には，沈下橋以外に，流れ橋がある。

3 **問一**　直後の「なにしろ～気がついている」の部分が，「自信があった」理由である。萌《もえ》ちゃんのことをじっくり観察し，その行動や細かいしぐさを知っていることが自信につながったということは，「萌ちゃんみたいなヒロインキャラになる」自信があったということ。

問二　葵《あおい》は萌ちゃんのまねをしているので，発表するときと給食のときに萌ちゃんがどのようにしていたのかを書けば良い。――線①の後に，萌ちゃんは，「給食を食べるときは，必ずスープから飲む」こと，「発表するときは，左耳に髪《かみ》をかける」ことが書かれている。

問三　図星《ずぼし》をつかれるとは，他の人に指摘《してき》されたことなどがそのとおりであること。また，目を丸くするとは，おどろくこと。七海《ななみ》は葵に対して，「転校を機に変わろうとしているからよ。無理してるから，ちょっと変」と言った。この指摘が，まさにそのとおりだったのでおどろいたのである。

問四　――線②の後に，「萌ちゃんのことばかり考えているせいか，肝心《かんじん》のクラスメートの顔と名前が，なかなか覚えられないのだ。それればかりか，教室全体がまるでフィルターでもかかっているみたいに白っぽく見える」とある。葵は，転校してからの一週間，このような状態で過ごしていた。しかし，萌ちゃんのことばかり考えるのをやめ，「萌ちゃんのイメージ」が体から出ていったことで，クラスメートや教室に意識がいくようになり，白っぽく見えていた教室がはっきり見えたのである。

伊奈学園中学校　2023 令和5年度　作文Ⅱ

《解答例》

1　問1．64.5　　問2．①1分間に進む道のり　②1m進むのにかかる時間　　問3．6，15

問4．速さが分速60mから，分速120m，分速180mのように2倍，3倍となると，1800mの道のりを移動するのにかかった時間が30分から，15分，10分のように$\frac{1}{2}$倍，$\frac{1}{3}$倍となっている関係。

2　問1．空全体を10としたときに，雲の量が9から10のとき　　問2．記号…イ　理由…晴れた日の気温は朝から昼にかけて上がっていき，昼過ぎに最も高くなり，その後低くなっていく。これに対し，くもりの日の気温は1日の中であまり変化しない。よって，晴れた日の気温の特徴にあてはまるのはイだから。

3　問1．左のうでの「おもりの重さ×支点からのきょり」の値と，右のうでの「おもりの重さ×支点からのきょり」の値が等しくなる。　　問2．35　　問3．道具の名前…ピンセット　理由…ピンセットは支点から力点までのきょりと支点から作用点までのきょりを比べると，支点から力点までのきょりの方が短いので，加える力よりも作用する力の方が小さくなるから。

4　問1．1，24　　問2．120，10，3　　問3．七　理由…取りあつかい説明書の[2]にあるように，このロボットには整数の指示しか出せません。正七角形をかくときに指示する角度を計算すると，360÷7＝51.42…度となってしまい，整数で指示を出すことができないから。

《解　説》

1　**問1**　Aさんは1000mを15分30秒＝15.5分で歩いたので，求める速さは，1000÷15.5＝64.51…より，分速64.5mである。

問2　(歩いた道のり[m])÷(かかった時間[分])で，1分間に何m進んだのかが求められ，(かかった時間[分])÷(歩いた道のり[m])で，1m進むのに何分かかったのかが求められる。

問3　ランニングの速さは分速120mだから，求める時間は，750÷120＝6.25(分)，つまり，6分(0.25×60)秒＝6分15秒である。

問4　反比例とは，一方の数が2倍，3倍，…になったとき，もう一方の数が$\frac{1}{2}$倍，$\frac{1}{3}$倍，…になるような関係のことをいう。

2　**問1**　空全体を10としたとき，雲の量が0から8のときを晴れ，雲の量が9から10のときをくもりと定義している。なお，雲の量が0から1のときをとくに快晴とすることもある。

問2　晴れた日は，太陽の光によって地面があたためられ，さらに地面によって空気があたためられることで気温が上がっていく。午後2時ごろに気温が最高になると，その後，熱が宇宙に逃《に》げていき，気温が下がっていく。このようにして，1日の中で気温が大きく変化する。これに対し，くもりの日は熱の出入りがほとんどないので，気温が変化しにくい。

3　**問2**　おもりがてこを回転させるはたらき〔おもりの重さ(g)×支点からのきょり(cm)〕が時計回りと反時計回りで等しくなると，つり合う。15gのおもりがてこを時計回りに回転させるはたらきは15×6＝90だから，Aがてこを反時計回りに回転させるはたらきも90であり，Aの重さは90÷9＝10(g)と求められる。一番上のてこの左はしにかかる重さは50＋10＋15＝75(g)であり，てこを反時計回りに回転させるはたらきは75×10＝750だから，一番上のてこの右はしにかかる重さは750÷15＝50(g)である。つまり，BとCの重さの合計が50gである。ここで，

ＢとＣの支点からのきょりの比が３：７であることに着目すると，てこを回転させるはたらきが等しくなるのは，Ｂと Ｃの重さの比がその逆比の７：３になるときである。よって，Ｂの重さは$50\times\frac{7}{7+3}=35$(ｇ)である。

問３　ピンセットのように力点が真ん中にあるてこでは，力点に加えた力よりも作用点にはたらく力の方が必ず小さくなる。これは，問２解説のとおり，力点と作用点の力の大きさの比が，支点からのきょりの逆比と等しくなるためである。なお，ペンチやくぎぬきのように支点が真ん中にある道具は，力点に加えた力よりも作用点にはたらく力が大きくなるものが多く，せんぬきのように作用点が真ん中にある道具は，力点に加えた力よりも作用点にはたらく力の方が必ず大きくなる。

４　**問１**　ロボットは全部で$90°\times4=360°$回転し，$10\times4=40$(cm)進む。

よって，回転にかかる時間は全部で$1\times\frac{360°}{15°}=24$(秒)，進むのにかかる時間は全部で$3\times\frac{40}{2}=60$(秒)だから，求める時間は，24秒＋60秒＝１分24秒である。

問２　右図のように，ロボットは正三角形の外角の大きさだけ回転してから直進することで，正三角形をかくことができる。よって，$360°\div3=120°$回転してから10 cm直進することを３回くり返せばよい。

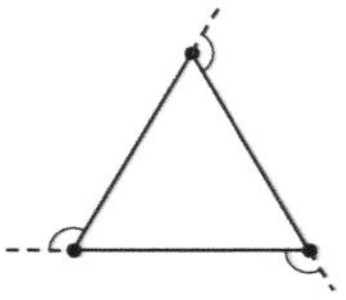

問３　正ｎ角形の１つの外角の大きさは，$360°\div n$で求めることができる。

ロボットには整数の指示しか出せないので，角度の指示が整数で出すことができない正ｎ角形を探すと，正七角形が見つかる。

《解答例》

1　問1．1　　問2．右図

問3．(1)月　(2)音楽　(3)サッカーをします

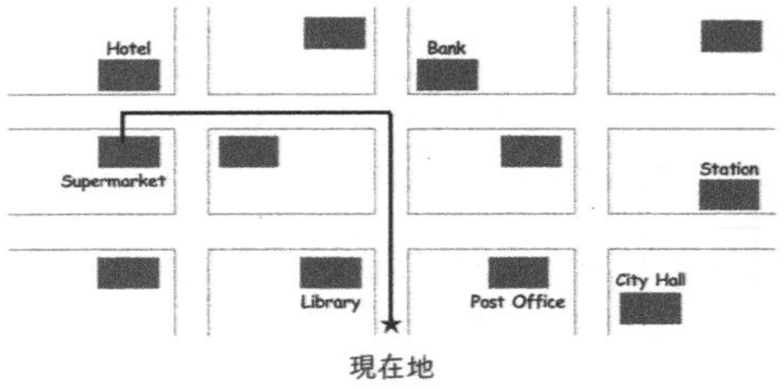

2　問1．たて穴住居　　問2．記号…イ　理由…貝塚からはあさりやいわしの骨などの海でとれるものが見つかっており，貝塚の分布とイの海岸線が一致するからです。　　問3．収穫量は年によって変わるけど，土地の価格は変わらないので，毎年一定の税収を得ることができて，国の収入が安定するからだよ。

問4．農作業用の機械が普及するとともに，耕地整理によって機械を使いやすくしたので，田植えや稲刈りなど米づくりに必要な多くの作業が早くできるようになったからです。　　問5．世界の水産資源の多くが限界まで利用されていて，まだ十分に活用できる資源はほとんどありません。定置網漁は，魚を獲りすぎないので，海の豊かさを守ることのできる持続可能な漁法だからです。

3　問一．(1)家族　(2)こ独な思いをしてつかれはてて帰っても、またがんばってこよう　　問二．ふつうと花音のふつうがちがう　　問三．蓮実とずっといっしょにいたい／人と人は、はなればなれになる／引っこしたあともつづくような

4　(例文)わたしのテーマ…地球温暖化防止(のために自分ができること)

　わたしが地球温暖化防止のためにできることは、節電すること、リサイクルしたりマイバッグを利用したりして、ごみを減らすことなどだ。近年、地球温暖化が原因とみられる自然災害が、世界各地でひんぱんに起きている。大切な地球の未来のために、わたしたち一人一人が、自分にできることは何かを考えて、実行することが大切だと思う。

《解　説》

1　**問1**　「日本では，学校の1年は4月に始まります。多くの国では，学校の1年は9月に始まります。例えばアメリカ，フランス，中国では，学校の1年は普通9月に始まります。他の国も見てみましょう。他の国はどうですか？シンガポールでは1月(＝January)に始まり，ブラジルでは，2月に始まります」

問2　ジェフ「私はスーパーマーケットに行きたいです。スーパーマーケットはどこですか？」→ゆうき「わかりました。私たちは地図でここにいますね。この通りをまっすぐ進み，2つめの交差点を左に曲がってください。そこからはまっすぐ進みます。右側にホテルが見えます。スーパーマーケットは左側にあります。」→ジェフ「ありがとう」

問3　ゆうき「これは私の時間割表です。(1)今日は国語，理科，社会，体育そして算数があります」→ジェフ「なるほど。あなたの好きな教科は何ですか？」→ゆうき「私は音楽が好きです。(2)火曜日と金曜日に音楽の授業があります。先生の好きな教科は何ですか？」→ジェフ「私は体育が好きです。体育の授業では何のスポーツをしますか？」→ゆうき「(3)えっと，今週はサッカーをします。とても楽しいです」→ジェフ「私はサッカーがとても好き

です」　(1)　時間割表より，月曜日だとわかる。　(2)　時間割表の火曜日の列には音楽がないから，Aは音楽である。　(3)　ゆうきの3回目の発言より，サッカーをすることがわかる。

2 **問1**　たて穴住居は，地面に穴を掘って柱を立て，草や木の枝などでつくった草ぶきの屋根でおおってつくった。

問2　資料2とイを1つにまとめれば，貝塚の分布と海岸線が一致することが読み取れる。縄文時代前期は地球の気候が最も暖かかった時期だったため，氷河が溶け出して海面の高さが現在よりも高くなっていた(縄文海進)。

問3　税を納める方法が米から現金に代わって，税収入が安定したことを盛り込む。1873年の地租改正では，地価の3％(1877年に2.5%に変更)を現金で納めることとした。その年の米の収穫高に応じて納める年貢が，天候などに左右されて安定せず，予算を立てにくかったことから地租改正が実施された。

問4　資料7を見ると，農道の幅が広くまっすぐに整備されたことや，水田が集積されてきれいに区画されたことがわかる。そのことを踏まえて資料6を見ると，これらの区画整備により，トラクターや田植え機，コンバインなどの大型機械が速く安全に通行できるようになったと導ける。以上のような，水田や農道，用水路などの整備を一体的に行い，区画形状を整理して生産性を高める取り組みを「ほ場整備」という。

問5　ゆうきさんのノートを見ると，水産資源の約70%が限界まで利用されている状態であることが読み取れる。また，まだ十分に利用できる水産資源は急速に減っており，2017年には1974年の8分の1まで減少している。ひかるさんのインタビューのまとめを見ると，定置網漁では稚魚を逃がして，2～3割の成魚のみを捕獲していることが読み取れる。以上のことから，持続可能な水産資源を目指して，魚を獲りすぎないようにしていることが導ける。

3 著作権に関係する弊社《へいしゃ》の都合により本文を非掲載《ひけいさい》としておりますので、解説を省略させていただきます。ご不便をおかけし申し訳ございませんが、ご了承《りょうしょう》ください。

《解答例》

1　問1．20　　問2．逆数の説明…もとの数との積が1になる数のことです。　2の逆数…0.5

問3．わられる数，わる数に同じ数をかけても商は変わらない性質

問4．$(\frac{4}{3}\times 2)\div(\frac{5}{2}\times 2)=(\frac{4}{3}\times 2)\div 5$

2　問1．脈はく　　問2．49　　問3．イ　理由…血液が肺を通ると，血液に酸素がとり入れられる。だから，肺を通った後の血液であるイの方が酸素が多くふくまれると考えられる。　　問4．とり入れた酸素をより多く全身に送るため

3　問1．まきがより多くの空気とふれることができるように，まきとまきの間にすき間ができるように置けばよい。(下線部は酸素でもよい)　　問2．二酸化炭素は両方ともなく，酸素は〈集気びん　ア〉は約21%あって，〈集気びん　エ〉は約17%ある。〈集気びん　ア〉は燃え続けるけど，〈集気びん　エ〉はすぐに消えるから，酸素がある割合より少なくなると火が消える

4　問1．36　計算の過程…正方形ABCDの1辺の長さは，10㎝より5㎜が2か所分だけ短いので，9㎝です。周の長さはこの4倍なので，9×4＝36で，36㎝になります。　　問2．$x\times 3+19$

問3．記号…イ　理由…1辺をぬうのに必要な長さは，ぬいたい部分の長さの3倍から1㎝をひき，20㎝を足したものだから，46㎝です。2辺をぬう場合は46×2＝92で92㎝，3辺をぬうのに必要な長さは46×3＝138で138㎝です。1mの糸では2辺はぬうことができますが，3辺をぬうには足りないので，イになります。

《解　説》

1　**問1**　分数の分子と分母に同じ数をかけても，分数の大きさは変わらないので，$\frac{2}{0.1}=\frac{2\times 10}{0.1\times 10}=20$

問2　2の逆数は，2をかけると1になる数だから，1÷2＝0.5である。

問3　7.56÷6.3＝(7.56×10)÷(6.3×10)＝75.6÷63，7.56÷6.3＝(7.56×100)÷(6.3×100)＝756÷630のように，わられる数とわる数それぞれに同じ数をかけても，商が変わることはない。

問4　ひかるさんは，わる数を整数にして計算をしやすくするようにわり算の性質を利用して考えていることが前の話からわかる。わられる数，わる数をそれぞれに，わる数の分母である2をかけると，解答例のようになる。

2　**問1**　心臓が縮んだりゆるんだりすることで，血液が全身を循環《じゅんかん》する。この心臓の動きをはく動といい，はく動が血管に伝わり，手首や首すじなどで感じとることができる動きを脈はくという。

問2　心臓は15秒で35回動くから，5分間→300秒間では$35\times\frac{300}{15}=700$(回)動く。1回の動きで70mL→0.07Lの血液が心臓から送り出されるから，700回では0.07×700＝49(L)である。

問3　全身から運ばれてきた二酸化炭素は血液中から肺にはい出され，吸った空気にふくまれる酸素は肺で血液中にとり入れられる。このため，肺を通る前のア(肺動脈)では二酸化炭素を多くふくむ血液が流れ，肺を通った後のイ(肺静脈)では酸素を多くふくむ血液が流れる。

問4　運動をすると，全身でより多くのエネルギーが必要になる。そのエネルギーをつくるためにより多くの酸素が必要となり，心臓が速く動く。

3　**問1**　ものが燃えるためには，新しい空気(酸素)が必要である。まきとまきの間にすき間があり，燃えた後の空気

と新しい空気が入れかわることで，まきは燃え続ける。

問２　④について，アとウを比べることで，火が消えることには二酸化炭素があるかどうかは関係ないことがわかるので，アとエを比べることで，火が消えることには酸素の割合が関係していることがわかるはずである。しばらく燃え続けたアの方が，すぐに消えたエよりも酸素の割合が多かったことに着目する。

４　**問１**　正方形は１辺の長さがすべて等しいので，周りの長さは（１辺の長さ）×４で求められる。

正方形ＡＢＣＤはコースターの内側にあることに注意しよう。

問２　右図のように，ぬいたい部分の長さをＡＢ＝x㎝，玉結びの位置をＰ，玉どめの位置をＱとする。ＡＰ＝ＢＱ＝５㎜＝0.5㎝だから，ＰＱ＝x－(0.5＋0.5)＝x－１(㎝)

ＡＰとＢＱの部分は糸が２重，ＰＱの部分は糸が３重になっており，玉結びと玉どめにあわせて20㎝の糸を使うので，必要な糸の長さは，0.5×２×２＋(x－１)×３＋20＝２＋３×x－３＋20＝x×３＋19(㎝)

問３　解答例の求め方以外でも，問２で求めたことを利用すると，１辺９㎝の辺をぬうのに必要な糸の長さは，x×３＋19のxに９を入れることで，９×３＋19＝46(㎝)だとわかる。

《解答例》

1 問1．11　問2．1，13　問3．夏／海で泳ぐこと

2 問1．上越市　問2．北西から吹く湿った季節風と，日本の中央に連なる山地の影響をうけるからだよ。
問3．国土の約4分の3は山地であり，日本の川は世界の川と比べると長さが短くて流れが急です
問4．5580　問5．村人にとっては，イの案の方が水くみが楽になりますが，アの案の方が工事期間が短く，費用も安くでき，さらに管理の仕方も教えてもらえるので，村人たちだけで運用していくことができるからです。

3 問一．体の大きい自分が、童話を読んでいるすがたを見られてはずかしくなった　問二．おそるおそる
問三．昔と変わらず、好きな本の話をするとすごいおしゃべりになる　問四．無理に大人になろうとしないで、自然と大人になろう

4 （例文）
　私が理想とする中学校生活は、英語をしっかりと勉強して、将来留学する際に必要な語学力を身に付けるというものです。そのために、学校の授業と英会話教室での勉強以外に、毎日最低二時間は英語を勉強したいと思います。具体的には、英会話教室のテキストを使って復習をしたり、英語のニュースや動画を見たりして勉強していきます。中学校を卒業するまでに、英語の動画を字幕なしで見ても意味がわかるようになりたいと思います。

《解　説》

1 **問1**　マイク「やあ，さくら。眠そうだね」→さくら「ええ，とても眠いわ」→マイク「昨夜は何時に寝たの？」→さくら「11 時に寝たわ」→マイク「11 時？おそいね。僕は9時に寝たよ」より，11 時である。マイクが寝た時間の9時とまちがえないようにしよう。

問2　ひとみ「誕生日はいつ，ボブ？」→ボブ「僕の誕生日は1月 13 日だよ」→ひとみ「1月 30 日？」→ボブ「いや，13 日だよ」→ひとみ「ああ，1月 13 日ね。わかったわ」より，13 日である。13 は後ろに，30 は前にアクセントがある。

問3　なおみ「こんにちは，サム先生」→サム「こんにちは，なおみさん。どの季節が好きですか？」→なおみ「冬が一番好きです」→サム「冬に何をしたいですか？」→なおみ「スキーをしたいです。あなたはどの季節が好きですか？」→サム「私は夏が一番好きです」→なおみ「夏に何をしたいですか？」→サム「海で泳ぎたいです」→なおみ「それはいいですね」より，サム先生が好きな季節は夏で，その季節にしたいことは海で泳ぐことである。

2 **問1**　冬の降水量が多いのは日本海側の気候だから，上越市と判断する。帯広市(北海道の気候)は，冬の寒さが厳しく梅雨がない。高松市(瀬戸内の気候)は，温暖で1年を通して降水量が少ない。

問2　夏の南東季節風や冬の北西季節風は，高い山地を越える前に大雨や大雪をもたらす。日本海側では，冬の北西季節風が，暖流の対馬海流の上空で大量の水蒸気をふくんだ後，高い山地にぶつかって，大量の雪を降らせる(右図参照)。

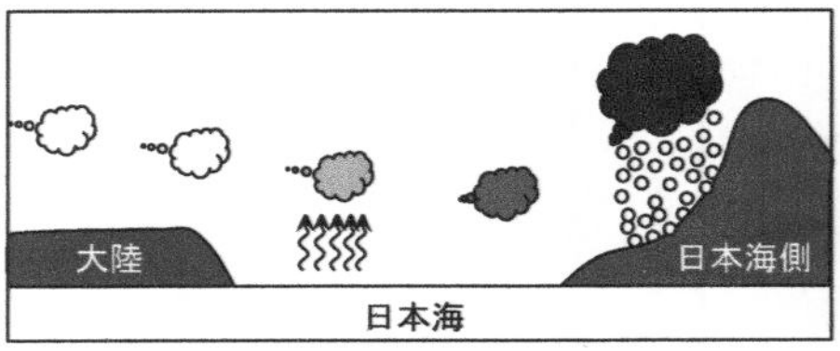

問3　資料5より，グラフの横軸から，日本の川(木曽川・利根川・信濃川)の長さが，世界の川(ロワール川・ミシシッピ川・アマゾン川)よりも短いこと，グラフのたて軸から，日本の川の標高が，世界の川よりも高いことがわかるので，急流であると導き出せる。資料6より，日本の国土に占める山地の割合はおよそ 75%だから，約4分

の３が山地であると導き出せる。

問４　2000 年時点の世界の水需要は約 3600 ㎦であったこと，2050 年には約 1.55 倍の増加が見込まれていることから，2050 年の世界の水需要は 3600×1.55＝5580(㎦)になる。

問５　【村の現状と要望】の「費用を節約したい」「早く水の供給施設を完成させたい」「村人たちだけの力で新しい水の供給施設を運用できるようにしたい」と，アの「費用：約 45 万円」「水が使えるようになるまでの期間：約６か月」「村人達が施設を運営できるようにする」が対応していることに着目しよう。イの案では，浄水場から村の家まで水道管を引いて水を届けるので，水くみをしなくても良くなるという良い点がある。しかし，水が使えるようになるまで約３年，約 30 億円の費用がかかることから，アの案の６倍以上の時間と費用がかかってしまう。

3　**問一**　図書館の童話コーナーで、「童話の本を開いて、熱心に立ち読みをしていた」のは、幼なじみの「みっくん」だった。童話を「読むみっくんの顔には、すごくわくわくした表情が浮《う》かんでいた」。しかし「みっくん」は、「大人びた顔の背の高い男子」なので、そんな自分が童話を読んでいるすがたを「わたし」に見られてはずかしくなった。だから、それをごまかすように、――線部①のような行動をとった。

問二　「昔のあだ名をつい使ってしまったら、みっくんが怒《おこ》った顔で振《ふ》りかえった。鋭《するど》い目でにらまれて、わたしはびくっとうつむいた」から続く場面。よって、「おずおずと」は、「わたし」が「みっくん」をおそれて、ためらいながら行動している様子を表す語句であることが分かる。これと似た意味で使われているのは、「おそるおそる」である。

問三　直後に「みっくん」は「わたし」に、「好きな本の話をするときはすごいおしゃべりなとこ、昔と変わらないな」と言っている。なつかしさに包まれ、「みっくん」もおだやかでやさしい気持ちになれたのだ。

問四　「わたし」は、「大人にならなくちゃとあせっていた」。「もしかしたらみっくんも、急いで大人になろうとして、無理をしているんじゃないだろうか」と思った。だから、ふたりとも、「不機嫌そうで怒っているように見えた」のだ。それまで「変わらなくちゃ、と思って、ずっと頑《がん》張《ば》っていた」が、逆に「変わらないな」と言われてうれしかったのは、無理に大人になろうとしなくていいんだと思えるようになったからである。

《解答例》

1　問１．右図　　問２．0.8

問３．数直線の図…右図

求め方…緑のリボンをもとにして白，青のリボンの長さが何倍になっているかを求めたいから，白，青のリボンのそれぞれの長さを，緑のリボンの長さ 0.8 でわります。3.6÷0.8＝4.5　4.2÷0.8＝5.25 より，白のリボンは緑のリボンの 4.5 倍，青のリボンは緑のリボンの 5.25 倍とわかるので，上のような数直線の図になります。

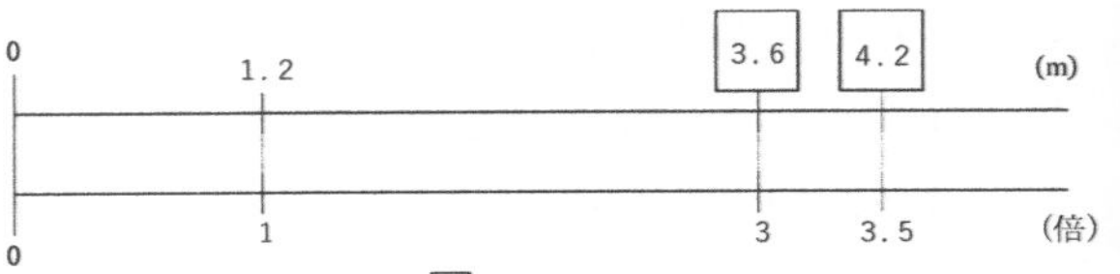

1 問１の図

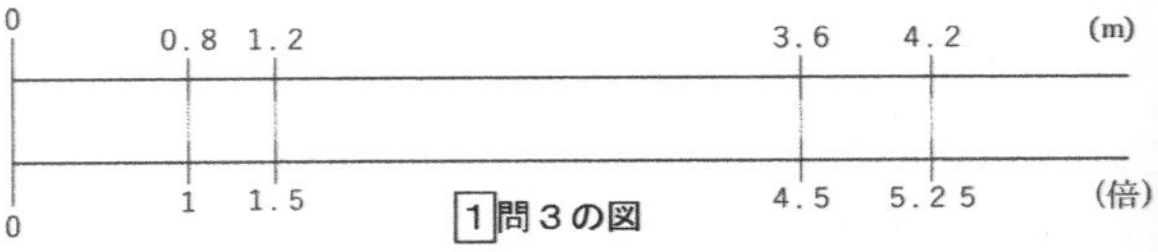

1 問３の図

問４．１個あたりの値段を求めています。

2　問１．ア．正しくない　理由…2012 年に日本を訪れた外国人の数は資料３より 836 万人，アメリカ人の割合は資料１より９％とわかるから，アメリカから日本を訪れた外国人の数について，2012 年は 836×0.09＝75.24 より約 75 万人。同様にして 2018 年は 3119×0.05＝155.95 より約 156 万人。よって，2018 年のほうが多いのでアのことがらは正しくないといえます。

イ．正しい　理由…2018 年に日本を訪れた外国人の数は資料３より 3119 万人，観光を目的として日本を訪れた外国人の割合は資料２より 89％とわかるから，観光を目的として日本を訪れた人について，2018 年は 3119×0.89＝2775.91　同様にして 2012 年は 836×0.72＝601.92　何倍になっているかについて，2775.91÷601.92＝4.61…　よって，4.5 倍以上だからイのことがらは正しいといえます。

3　問１．16，22　　問２．ビーカーの中の水が減ったのは，水が水蒸気となって空気中に出ていったからです。（下線部は液体が気体でもよい）　　問３．右グラフ

問４．凍り始めているが，すべて氷にはなっていない状態です。　　問５．水は凍ると，体積が増えるから

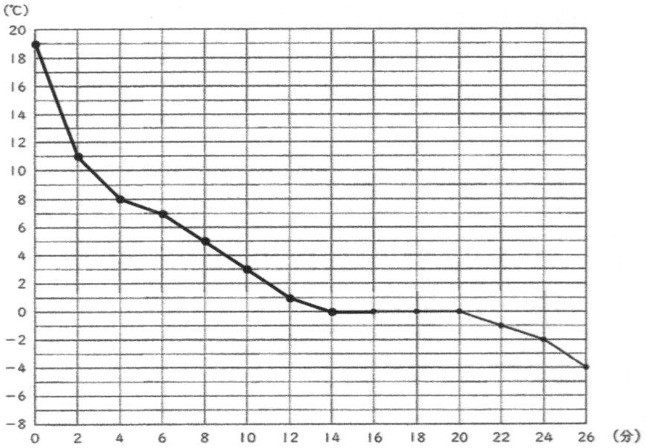

4　問１．【言葉の意味】にもとづくと，面積を求めることは，１辺が１cmの正方形が何個分あるかを調べることです。長方形を１cmずつに区切って考えると，１辺が１cmの正方形がたてに３個，横に５個あるので，全部の個数を求めるために３×５＝15 というかけ算を使います。

問２．【言葉の意味】にもとづいて考えると，１辺が１cmの正方形が何個分あるかを調べようとしても，正方形でぴったりおおうことができないというむずかしさがあります。できるだけ正確な面積を求めるために，葉っぱに全部ふくまれる正方形は１㎠，一部がふくまれる正方形は 0.5 ㎠とみなして，およその面積を求めます。

《解　説》

1 **問1**　白の長さは，1.2×３＝3.6(m)，青の長さは，1.2×3.5＝4.2(m)

問2　1.2÷1.5＝0.8(m)

問3　(緑のリボンの長さ)×□＝(白のリボンの長さ)の□を求めるときは，

□＝(白のリボンの長さ)÷(緑のリボンの長さ)である。

問4　(１個あたりの値段)×48＝2640 だから，(１個あたりの値段)＝2640÷48 である。

2 ３つの資料に共通していることは，年によってデータを分けているということだから，同じ年どうしのデータを比べるようにしよう。

3 **問1**　水がふっとうし始めると，温度が 100℃で一定になるので，グラフより，16 分から 22 分だとわかる。

問2　ビーカーの中の水が減ったのは，液体の水が気体の水蒸気に変化してビーカーの外に出たからである。

問3　表の０分から 16 分の値を点でとり，線で結んで折れ線グラフを完成させる。

問4　水を冷やしていくと温度が下がっていき，やがて０℃で温度が一定になる。このとき，水が氷に変化しており，水がすべて氷に変化するまでは，温度が０℃で一定である。

問5　水が氷になると，体積が約 1.1 倍に増えるので，飲み物が入った容器をこおらせると，中の水が凍って体積が増え，容器が壊れるおそれがある。なお，水が水蒸気になると体積がおよそ 1700 倍に増える。

4 問１でも問２でも共通して言えることは，公式や求め方をただ丸暗記しているだけではだめで，なぜそれで求められるのかをしっかりと理解しているか，また，その理解している内容を言葉で説明できるかということが問われているということである。

《解答例》

一　問一．長野県は六月から九月の気温がレタスさいばいに適しており、生産量が多いからです。　問二．①五人組　②新しい農具によって、耕作やだっこくの効率がよくなり、田畑の面積も増えた　③歌川広重〔別解〕安藤広重　④川の向こう岸に富士山が見えるので、この浮世絵は馬入川の東側から描かれたものです。　問三．人ひとりを１キロメートル運ぶことではい出される二酸化炭素の量が多い自家用乗用車での移動きょりが短くなるため、二酸化炭素はい出量が減り、かん境保全につながります。

二　問一．Syumi〔別解〕Shumi　問二．早起きは三文の徳（下線部は得でもよい）

問三．好きなことには夢中になって取り組むため、どんどん上達する

三　問一．ふたりがずっと別れのあいさつをしているのが悲しくて、その気持ちをふりはらおうとした

問二．ふたりはいつもいっしょにいるけれど自分はそこにいないので、自分だけ心のきょりがのびてきている

問三．菜の花もあるし、ほかにもチョウがいそうだ

問四．自分のとなりの席に座った女の子と、新しく友達になれそうな

四　問一．現場にしばらく通うことで何をすればいいかがわかり、親方の仕事を見よう見まねで練習し、技術を身につけた　問二．人に教えてもらうのではなく、自分の体を使うことで発見する　問三．生きた木がどう変化するかをとらえる感覚

問四．（例文）

私は、わからないことがあっても、自分で調べたり考えたりするようにしたい。人に聞いて簡単にわかるよりも、自分で答えを導き出す方が、身につくと思うからだ。

兄は、宿題でわからないところを、質問サイトで聞いてみたことがあるそうだ。すぐに答えがわかったが、結局、テストの時には忘れていたと言っていた。本文には「自分の体を使って発見したものは忘れない。」とある。学習も本質は同じだと思う。

《解　説》

一　**問一**　資料２の「気温約 15～20℃で最も良く育つ」から，レタス栽培には涼しい気温が適していることを導く。そのことを踏まえて資料１と資料３を見ると，静岡県や茨城県では気温が高くなる６月から９月をさけて，20 度以下の冬から春にかけてレタスを栽培していることがわかる。一方，長野県では６月から９月でも気温が 20 度以下であり，その時期がレタス栽培の時期と重なることがわかる。以上のような，夏の涼しい気候をいかして，高原野菜の時期をずらして栽培する方法（高冷地農業による抑制栽培）は，長野県のレタスやはくさい，群馬県のキャベツなどでも見られる。

問二①　五人組では，年貢米を納められない者が出た場合，組内のほかの者に不足分を納めさせた。このほか，犯罪の防止やキリスト教徒に対する監視などにも連帯責任を負わせた。　②　資料５から，江戸時代の慶長年間から享保年間にかけて，田畑の面積が２倍ほど増えたことがわかる。資料６から，江戸時代，田を深く耕すための備中ぐわや，脱穀を効率よく行うための千歯こきなどの農具が発明されたことがわかる。　③　「東海道五十三次」では，東海道にある 53 の宿場町が歌川広重によって描かれた。また，広重らの浮世絵の技法は，ゴッホをはじめとするヨーロッパの多くの画家にも強い影響を与えた（ジャポニズム）。なお，「安藤」は広重の本姓である。

④　馬入川の西側から描かれた場合，富士山の奥に川が見える浮世絵か，富士山はなく，川だけが見える浮世絵になる。

問三　資料 10 を見ると，人ひとりを１km運ぶことで排出される二酸化炭素の量において，自家用乗用車の方が，鉄道・バスよりも２倍以上多いことがわかる。そのことから，自家用乗用車での移動距離を短くして，代わりに鉄道やバスで移動することで，排出される二酸化炭素の量を抑制していると導ける。二酸化炭素などの温室効果ガスを大量に排出すると，地球表面の気温が高くなっていく地球温暖化が進んでしまうこと，「パークアンドライド」のほか，トラックによる長きょり輸送を船や鉄道に代える「モーダルシフト」などの取り組みもすすめられていることを覚えておこう。

二　**問二**　英語の“The early bird catches the worm”（早起きの鳥は虫を捕《つか》まえる）と同じく、早く起きるのは良いことだという意味の日本のことわざは、「早起きは三文の徳」。

三　**問一**　理子《りこ》とユキに見送られている場面で、直前には「離《はな》れてふりかえっても、まだ小さい手がひらひらとゆれている。それを見たら泣きそうになって」とある。ふたりがずっと見送ってくれるのが切なく、別れが悲しくなったので、その気持ちをふりはらおうと、わざと乱暴にふるまったのである。

問二　直前の段落の「新任の先生の話の時は、ふたりとも〜笑っていたっけ。でも、しらない話だったから、あたしは〜きいているしかなかったけれど」を参照。奈々は引っ越《こ》してしまったので、ふたりの学校での話がわからなかった。前の学校のともだちと会うたびに、自分はもう転校してしまったのだという実感が強まり、心の距離《きょり》を感じている。

問三　前後の「公園の横にある駅舎で、線路の外は黄色い菜の花でいっぱいだった」「新しいともだちだってきっとできる」を参照。チョウが暮らすのによい環境《かんきょう》だと感じたからである。

問四　同じ学校の女の子に気づいた後、奈々《なな》は「ここだ、ここなら、チョウも生きていける。新しいともだちだってきっとできる」と感じた。このチョウには、奈々の気持ちが重ねられており、チョウが力つき、落ちたらふまれるのではないかというネガティブな気持ち（＝引っ越したことによる悲しみや不安）から、（チョウも自分も）新しい土地になじみ、友達ができるという前向きな気持ちに変化した。電車で会った女の子が奈々と同じように、チョウを逃《に》がそうとしたことや、視線《しせん》が合って笑い合ったことから、ふたりの気が合い、仲良くなれそうなことが読みとれる。

四　**問一**　同じ段落の前半部分に着目する。「でも、現場にしばらく通っていくうちに、自分が何をすればいいのかが段々《だんだん》とわかってきた〜一人で鉋《かんな》を手に取って不要な木材を削《けず》ってみる。見よう見まねだ」とある。現場に通ううちにやるべきことがわかってきて、親方のまねをして技術を身につけていったのである。

問二　同じ段落の後半に理由が書かれている「口で教えることで死んでしまう技が大工の技だからだ。言葉で教えられたものは、すぐに忘れてしまう。それはただの知識だから。自分の体を使って発見したものは忘れない。そういうものは知識じゃなく、身についた自分の技になっている」からまとめる。

問三　――線③の３行前の「そうした感覚」が指すものである。電気鉋しか使わず、無垢《むく》の木を扱うことがないと失われてしまう「感覚」、「技」のことで、具体的には、前の段落の後半に書かれている。「自分の扱《あつか》う木がどう育ってきて、これからどういうふうに変化するか、どう反って、どう縮《ちぢ》むか〜感じられるようになる」こと。

《解答例》

［問１］　⑴2.39　⑵答え…0.625　求める過程…それぞれの泳ぎ方でかかる時間を求めると，バタフライは50÷1.25＝40，背泳ぎは50÷１＝50，自由形は50÷1.25＝40となります。記録が210秒なので210－130＝80より，平泳ぎの速さは50÷80＝0.625で秒速0.625mとなります。

⑶答え…１，30　求める過程…ゆうきさんの平泳ぎで泳ぐ速さは50÷100＝0.5で秒速0.5mとなります。ひかるさんが82秒で折り返すので，ゆうきさんが82秒で進む距離を求めると0.5×82＝41で41mとわかります。２人の距離は９mとなり，ひかるさんが自由形で泳ぐ速さは50÷80＝0.625で秒速0.625m，ゆうきさんが平泳ぎで進む速さは秒速0.5mだから，２人がすれ違う時間は９÷(0.625＋0.5)＝８で８秒とわかり，スタートしてから１分30秒後にすれ違うとわかります。

［問２］　⑴13000　⑵この地球儀の縮尺は，200万分の１です。このことから，地球儀につける富士山の高さは，２㎜です。これを地球儀の直径６m50㎝と比べると，大きなもりあがりとは言えないからです。

［問３］　⑴ふりこが10往復する時間をストップウォッチで複数回はかり，平均の時間を求めることで，１往復にかかった時間を正確に求めることができます。

⑵答え…0.90　理由…おもりの重さやふれはばを変えても，１往復する時間は変わらず，ふりこの長さが変化したときに１往復する時間が変わるため，0.90のまま変化しません。

⑶複数のおもりをつり下げる場合は，上下につり下げるのではなく，すべて同じ位置につり下げる必要があります。

［問４］　⑴72　⑵答え…６　理由…１，２，５，６，７，８のどの数字も合っていないので，３，４，９の３個の数字から作られる２けたの数字，34，39，43，49，93，94のいずれかがひかるさんの作った数字であると考えました。　⑶答え…19　理由…１回目の予想で○１△０だったので，一の位の５が数字も位も合っていると考えて２回目の予想を25としました。しかし，○０△０だったので，数字も位も合っていたのは十の位の１となります。また，３回目の予想で○０△１だったので，９，８のどちらかが数字は合っているが位は合っていないこととなりますが，十の位は１なので，十の位の９が数字は合っていて一の位となることがわかり，ゆうきさんの作った数字が19であることがわかります。

［問５］　⑴月は太陽の光が当たっている部分だけが見えます。月は地球のまわりをまわっているため，月がまわると太陽の光が当たっている部分の見える範囲が変わるので，月の形が変わって見えます。

⑵月の形が丸に見えるときほど月が夜に見える時間は長く，月の形が欠けているときほど月が夜に見える時間は短くなります。

⑶月の形の図…右図　理由…地球から見たときの月と太陽の位置関係がちょうど反対になっているからです。

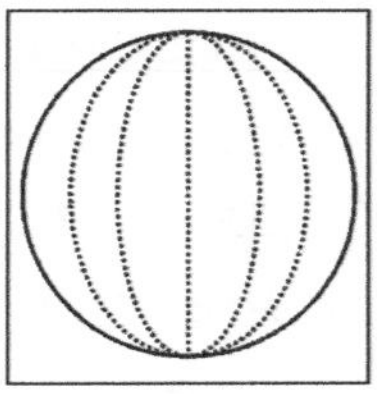

《解　説》

［問１］

⑴　１秒で50÷20.9＝2.392…(m)泳いでいるので，求める速さは，$\frac{1}{1000}$の位の数を四捨五入して，およそ秒速2.39mである。

(2)　平泳ぎ以外の３種類でかかった時間を，それぞれ(道のり)÷(速さ)で求めると，４種類でかかった時間の合計が３分 30 秒＝210 秒であることから，平泳ぎにかかった時間がわかる。そこから平泳ぎの速さを求める。

(3)　ひかるさんが平泳ぎで 50m泳いだとき，ゆうきさんがどの位置にいるのかを考える。

１分 40 秒＝100 秒より，ゆうきさんの平泳ぎの速さは秒速(50÷100)m＝秒速 0.5mである。ひかるさんが平泳ぎで 50m泳ぐのに１分 22 秒＝82 秒かかるので，このときゆうきさんは 0.5×82＝41(m)泳いでいる。よって，２人の間の距離《きょり》は 50－41＝９(m)である。ここから２人がすれ違うまで，ひかるさんは自由形，ゆうきさんは平泳ぎで泳いでおり，２人が泳いだ道のりの和は９mなので，解答例のような説明となる。

［問２］

(1)　図より，赤道上の 2.5 cmが 5000 km分なので，１cmは 5000÷2.5＝2000(km)分だとわかる。よって，赤道の長さは 2000×20.5＝41000(km)である。よって，地球の円周が 41000 kmだから，41000÷3.14＝13057.3…より，千の位までのがい数で表すと，地球の直径はおよそ 13000 kmである。

(2)　地球儀の直径は６m50 cm＝650 cm，実際の地球の直径はおよそ 13000 km＝13000000m＝1300000000 cmなので，1300000000÷650＝2000000 より，地球儀の縮尺は 200 万分の１である。よって，地球儀につける富士山の高さは，4000÷2000000＝0.002(m)，つまり，(0.002×100)cm＝0.2 cm＝２mmである。よって，解答例のような理由になる。

［問３］

(1)　ふりこが１往復する時間をはかろうとすると誤差が大きくなるので，何往復かするのにかかる時間を複数回はかり，それを往復した回数で割って平均の時間を求めると，誤差が小さくなる。往復した回数を10回にしているのは，計算しやすくするためである。

(3)　おもりの重さを１つに集めた点を重心といい，重心はおもりの中心にあると考える。ふりこの長さは，糸をつるしたところから重心までの長さであり，「い」のようにおもりを上下に２個つるしたときには，それぞれのおもりの重心のちょうど真ん中が全体の重心になり，「う」のようにおもりを上下に３個つるしたときには，真ん中のおもりの重心が全体の重心になる。つまり，「あ」よりも「い」，「い」よりも「う」の方がふりこの長さが長くなるので，図のような方法では，２つの条件(おもりの個数とふりこの長さ)がちがってしまい，おもりの個数(重さ)がちがうことで１往復する時間がどのように変わるのかを正確に調べることができない。

［問４］

(1)　十の位の数は１から９の９通り，一の位の数は１から９のうち，十の位で選んだ数を除いた８通りがそれぞれ考えられるので，２けたの数字は全部で９×８＝72(通り)ある。

(2)　○も△も０というのは，予想した数字はひかるさんの作った数字には使われていないということである。よって，１～９の数字のうち，予想で出した６個の数字を除いた，９－６＝３(個)の数字の組み合わせで作られた２けたの数字が何通りできるかを考えればよい。

(3)　１回目と２回目の予想より，ゆうきさんの作った数字に２と５は使われていなくて，15 と予想したときに○が１つあったことから，ゆうきさんの作った数字の十の位の数は１だとわかる。あとは３回目の予想から，解答例のような理由で求めることができる。

［問５］

(1)　地球から見た月と太陽の位置関係が変わるため，太陽の光が当たっている部分の見え方が変わる。

(2)(3)　月の位置と形の関係は下図のようになる。満月になるのは，太陽，地球，月の順に一直線に並ぶときであり，地球から見て太陽と月はちょうど反対方向にある。つまり，太陽が西の地平線にしずむころに満月が東の地平線からのぼってきて，満月が西の地平線にしずむころに太陽が東の地平線からのぼってくる。したがって，満月はほぼ一晩中見ることができる。これに対し，太陽と同じ方向にある下図のＡ(新月)は一晩中見ることができない。形が満月に近いときほど見ることができる時間が長く，形が新月に近いときほど見ることができる時間が短くなるということである。

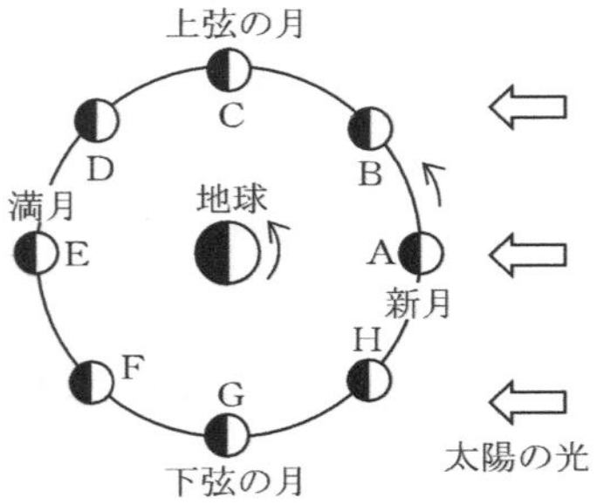

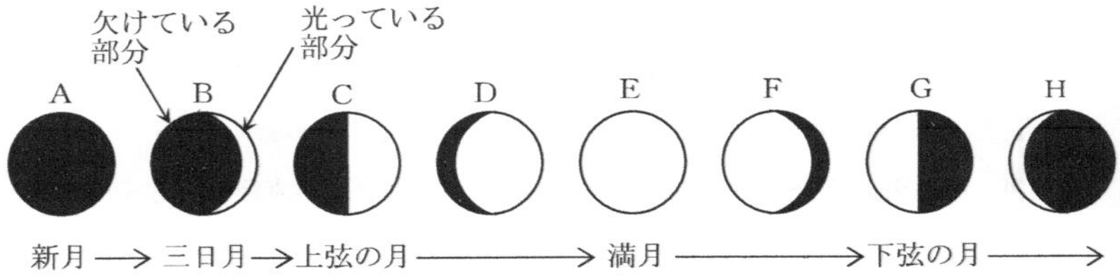

《解答例》

一　問一．①太平洋ベルト　②日本は原料や燃料のほとんどを輸入にたよっているため、船で運んでくるのに便利だからです。　問二．記号…オ　理由…インターネットの情報は、全てが正しいとは限らないからです。

問三．女子は税の負担が少ないからです。　問四．①空しゅうをさけるために、都市に住む子供たちが農村などに集団でそかいするための列車に乗り込むところです。　②多くの男性が兵士として動員され、労働力が不足したからです。

二　問一．達人と呼ばれるような者であっても、失敗することがある　問二．Kotowaza　問三．百聞は一見にしかず

三　問一．仲間は結果に喜んでくれたが、去年より真けんに練習をした自分はなっとくのいく成績を出せなかった

問二．自分の順番が近づいてきて、きんちょうしている　問三．長谷川の分までがんばって、絶対、おれが一位でゴールするから任せておけ。／おまえのバトンはしっかり受けとったから、次はおれががんばるから任せろ。／これまで長谷川に助けられた分、おれが一位でゴールしてみせるから見ていてくれ。などから1つ　問四．走ることだけを考えて夢中で走っている

四　問一．客をひとりひとり見て仕事をしているが、客の中には清そう員をいないものとしてあつかう人もいる

問二．清そうの仕事をきちんとみとめてもらえる　問三．気持ちよく過ごしてもらえるか

問四．（例文）

私は毎月三冊本を読むことをやり遂げたい。

私は読書が好きだが、最近は自由な時間ができると、ついテレビやインターネットを見て過ごしてしまう。テレビやネットも色々な情報があっておもしろいが、あまり心に残らず、すぐに忘れてしまう。ずっと心に残ったり、深く考えたりしたのは、やはり本で読んだことが多い。

自分の心を成長させるためにも中学校の間にたくさんの本を読みたい。

《解　説》

一　**問一①**　高度経済成長期の 1960 年代に、政府が京浜・阪神などの工業地帯の中間地域を開発して太平洋沿岸を帯状に結ぶ構想を打ち出してから、瀬戸内や東海地方に新しい工業地域がつくられ、日本の経済発展の中心的な役割を果たしてきた。　②　資料２から、機械を動かしたり電気を作ったりするための燃料や、製品を作るための原料などの資源のほとんどを輸入にたよっていることを読み取る。日本では原料や燃料を輸入し、製品を輸出する加工貿易が行われてきたため、輸出入に便利な海岸沿いの太平洋ベルトに工業が発達した。

問二　オが誤り。インターネットでは手軽に情報を発信できるため、間違った情報が含まれていることもある。インターネットで得た情報は、本で調べたり詳しい人に聞いたりして、その信ぴょう性を確かめることが重要である。

問三　資料５で、調・庸・雑徭などの税が女子に課せられていないことに着目しよう。律令制がとられていたころには、女性の数や高齢者の数が異常に多い戸籍を作成し、税負担を逃れようとしたと考えられている。

問四①　資料７で、東京や大阪などの大都市が空襲で大きな被害を受けていることに着目しよう。太平洋戦争末期、大都市での空襲をさけるため、子どもたちは安全な地域に一時移住させられた（学童疎開）。田舎に親戚などの縁故のある学童は縁故疎開し、縁故のない学童は田舎の旅館や寺に集団疎開した。　②　資料９で、太平洋戦争開始（1941 年）以降に兵士数が激増していることから、国内での働き手が不足していったことを導く。太平洋戦争が長引

くと大学生も軍隊として集められたため、国内では人手不足となった。その結果、12 歳以上のすべての生徒が兵器工場などで働くことが決められ、女子生徒も男子生徒と同じように労働が課せられた(勤労動員)。

二　問一　同じ意味のことわざに、「弘法《こうぼう》にも筆の誤り」「河童《かっぱ》の川流れ」「上手《じょうず》の手から水が漏《も》れる」がある。

問三　直前でトムさんが言った、「繰《く》り返し何度も聞くよりも、一度自分の目で見た方が確かだという意味」のことわざ。

三　問一　――線部①の前後を参照。「市内四位のタイム」「新記録のタイム」という結果を見て、「顧問《こもん》や部活仲間は『すごい』って喜んでくれたけど」とある。かれらの反応とはちがい、「俺《おれ》」自身は「今年は去年よりかなり真剣《しんけん》にやってきたつもりだったし、もっといい成績が出せると思っていた」と、結果に納得《なっとく》できない気持ちだった。この内容をまとめる。

問二　いよいよリレーの決勝が始まった。「俺は、三番目に走ってくる長谷川《はせがわ》から、バトンをもらうことになっていた」とある。――線部②は、第一走者、第二走者が走り終え、第三走者の「長谷川までバトンをつないだ」ところで、直後に「長谷川がバトンを握《にぎ》り締《し》め、スタートする」とある。つまり、「俺」の順番が近づいているのだ。この状況《じょうきょう》から、緊張《きんちょう》しているのだとうかがえる。緊張すると喉《のど》がかわく。

問三　転んだ生徒の影響《えいきょう》で「体がよろけ」「コースをアウトしかけ」た長谷川だが、「歯を食いしばって、足でグラウンドを精一杯《せいいっぱい》蹴《け》って、俺に向かって駆《か》けてくる」「猛烈《もうれつ》な勢いで立て直そうとしている」とある。その様子を見た「俺」は、「あいつがまだ諦《あきら》めていないことがわかった」「決意が感じられた。あいつは、俺に懸《か》けてる」と理解した。そしてその気持ちを受けて、「誰《だれ》にも頼《たよ》らず、俺がやらなければダメなんだ」と覚悟《かくご》を決めている。つまり、絶対一位でゴールしてみせる、次は自分ががんばるといった気持ちになったのである。

問四　「俺」の走る様子が書かれた、――線部④の直後の段落を参照。「ただひたすらに風を切る～走ることしか、考えなかった」とある。ここから、走ることだけに集中しているため「周囲の音が何も聞こえなくなる瞬間《しゅんかん》がやってきた」のだと読み取れる。

四　問一　――線部①の直前に「だから、清掃員《せいそういん》を透明《とうめい》人間だと思っている人に出会うと」とあることから読み取る。「透明人間」は、姿・形が目に見えない。つまり、相手からいないと思われるということ。「だから」は、直前の「自分の家にきたお客様にそうするように～ひとりひとりのお客様をちゃんと見るようにしています」という内容を受けている。そのように、自分たちは客ひとりひとりのことをよく見て仕事をしているのに、客からはいないものとしてあつかわれることを悲しく思うということ。

問二　「清掃の仕事は尊敬《そんけい》しなくていい」と思っている個人の考えを変えようとするのではなく、「社会の価値観《かちかん》そのものを変えていきたい」から、「私たち清掃員がいい仕事をする～自分の仕事に誇《ほこ》りを持って、納得《なっとく》できるまできちんとやり遂《と》げる」とある。では、「いい仕事をする～きちんとやり遂げる」ことによって、利用客に何に気づいてもらいたいのか。利用者の男性から「ここのトイレはいつもきれい～きれいに使わなくちゃね」と言われてうれしかったポイントが何かを読み取る。「自分が褒《ほ》められたからうれしいのではなく、清掃の仕事をきちんと認《みと》めてくださっているのがうれしいのです」とあることから、下線部に着目してまとめる。

問三　「ひとりひとりのお客様をちゃんと見」て、「納得できるまできちんとやり遂げる」という気持ちで仕事をしている清掃員たちが、「考えて、工夫して」「技術を磨《みが》いて」いるのは、何のためかを考える。それは、利用客に気持ちよく過ごしてもらうためである。そのプロフェッショナルな意識が「職人」という言葉に表れている。

《解答例》

［問１］ ⑴答え…950

求める過程…１ｍ^{2}あたり０．６人だから、１人あたり$\frac{5}{3}$ｍ^{2}になります。５７０人いるので、$\frac{5}{3}$×５７０＝９５０（ｍ^2）です。よって体育館の面積は９５０ｍ^{2}になります。

⑵答え…220

求める過程…全体の平均から５日間の合計は274×５＝1370(人)です。前半の平均から３日間の合計は210×３＝630(人)です。後半の平均から３日間の合計は 320×３＝960(人)です。前半と後半の合計の和から全体の合計をひいた差が水曜日の利用者の人数になるので、(630＋960)－1370＝220(人)です。よって水曜日の利用者の人数は220人です。

⑶答え…18

求める過程…１人が１分間にできるモップがけ量を１とおくと、体育館のモップがけは、12人で15分かかるので、12×15＝180 となります。８人で９分にできる量は８×９＝72 より、残り 180－72＝108 となり、12人で108の量を分担すると108÷12＝９となります。よって８人でやった９分と12人でやる９分で、仕事が終わるのは18分です。

［問２］ ⑴答え…うすい塩酸　説明…青色リトマス紙を赤色に変化させ、赤色リトマス紙は赤色のまま変化させません。

⑵方法…水よう液に息を吹きこみます。　理由…石灰水は二酸化炭素があると白くにごるので、２つの水よう液に息を吹きこむと、石灰水だけが白くにごります。

⑶鉄のくぎとくらべて、スチールウールのほうが塩酸とふれ合う面積が大きいからです。

［問３］ ⑴30，9900

⑵答え…４，40，36，7400

求める過程…１個あたりの値段が最も安い果物はみかんなので、まず、みかんを 40 人に１個ずつ配ると、値段は 400×(40÷５)＝3200(円)となります。次に１個あたりの値段が安い果物はももなので、ももを 40 人に１個ずつ配るとします。14ふくろ買うと、14×３＝42(個)となり、２個余ってしまうので、ももを12ふくろと、りんごを２ふくろ買い、ももとりんごの合計個数を40個にします。このとき、ももとりんごの合計金額は、300×12＋300×２＝4200(円)となります。よって、合計金額は、3200＋4200＝7400(円)になります。

⑶答え…８

求める過程…それぞれ 10 個以上買うためには、少なくともりんごを５ふくろ、みかんを２ふくろ、ももを４ふくろ買わないといけません。このとき、合計金額は 300×５＋400×２＋300×４＝3500(円)となります。残り1500円になる果物のふくろの買い方を考えると、(りんご、もも)＝(５、０)、(０、５)、(４、１)、(１、４)、(３、２)、(２、３)、(りんご、みかん、もも)＝(１、３、０)、(０、３、１)となります。よって、買い方の組み合わせは全部で８通りです。

［問４］ ⑴答え…イ　理由…せびれに切れこみがなく、しりびれの後ろが短く三角形に近い形になっています。また、はらがふくらんでいます。

⑵血液は、全身をまわりながら、養分や酸素、二酸化炭素などを運ぶはたらきをしています。

⑶ヒトは、母親の子宮の中で、へそのおを通して母親から養分などを取り入れながら体ができていきます。

［問５］　⑴答え…50

求める過程…１個目の花のモチーフを作るのに必要な丸いビーズは８つぶです。２個目から丸いビーズは６つぶずつ必要になるので、８＋６×７＝８＋４２＝５０（つぶ）です。

⑵答え…66

求める過程…１個目の花のモチーフを作るのに必要な丸いビーズは８つぶなので、残りは 400－８＝392(つぶ)です。２個目から丸いビーズは６つぶずつ必要になるので、花のモチーフは392÷６＝65 あまり２となります。よって、１＋65＝66(個)です。

⑶

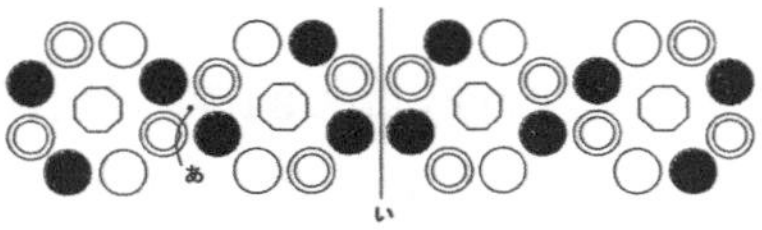

《解　説》

［問１］

⑴　１人あたりがしめる面積は，１÷0.6＝$\frac{5}{3}$(㎡)と求めることができるので，この値に人数をかければよい。

［問２］

⑴　うすい塩酸は酸性，食塩水は中性である。酸性の水よう液は青色リトマス紙を赤色に変化させ，アルカリ性の水よう液は赤色のリトマス紙を青色に変化させ，中性の水よう液はどちらのリトマス紙も変化させない。

⑵　石灰水とうすい水酸化ナトリウム水よう液は，どちらもアルカリ性だから，リトマス紙やＢＴＢよう液の色の変化からは区別ができない。また，とけているものがどちらも白い固体だから，水よう液を加熱して水を蒸発させてもどちらも白い固体が残ることになり，区別ができない。水よう液に息を吹《ふ》きこむ方法であれば，石灰水は白くにごり，水酸化ナトリウム水よう液は変化しないから，区別できる。

⑶　スチールウールは糸状になっているので，表面積が非常に大きい。このため，塩酸とふれ合う面積が大きく，反応しやすくなる。

［問３］

⑴　２と５と３の最小公倍数は30だから，りんごとみかんとももを30個ずつ買えばよい。

りんごは30÷２＝15(ふくろ)，みかんは30÷５＝６(ふくろ)，ももは30÷３＝10(ふくろ)買うので，合計金額は，300×15＋400×６＋300×10＝4500＋2400＋3000＝9900(円)

⑵　合計金額を最も安くしたいので，まず１個あたりの値段を調べる。りんご，みかん，ももの１個あたりの値段はそれぞれ300÷２＝150(円)，400÷５＝80(円)，300÷３＝100(円)だから，安い順にみかん，もも，りんごである。みかんはちょうど40人分買えるので，全員にみかんを１個ずつ配る。次に安いのはももなので，なるべく多くももを買う。40個をこえる最少の個数だけももを買うためには，40÷３＝13余り１より，14ふくろ買えばよい。ももが14ふくろあると３×14－40＝２(個)余る。この状態からもも１ふくろをりんご１ふくろに置きかえると，個数の合計が３－２＝１(個)減るので，もも２ふくろをりんご２ふくろに置きかえると，ももとりんごの個数の合計がちょうど40個となる。

⑶　合計で1500円となる組み合わせを考えるとき，みかんのふくろの数で場合分けするとよい。

みかんをさらに０ふくろ買う場合，りんごとももでさらに1500円使えるから，合わせて1500÷300＝５(ふくろ)買える。したがって，(りんご，もも)のふくろの組み合わせは，(５，０)(０，５)(４，１)(１，４)(３，２)(２，３)の６通りある。

みかんをさらに１ふくろ買う場合，りんごとももでさらに1500－400＝1100(円)使えるが，1100は300の倍数ではないので，このような買い方はできない。

みかんをさらに２ふくろ買う場合，りんごとももでさらに1100－400＝700(円)使えるが，300の倍数ではない。

みかんをさらに３ふくろ買う場合，りんごとももでさらに700－400＝300(円)使えるから，どちらかを１ふくろ買える。したがって，(りんご，もも)のふくろの組み合わせは，(１，０)(０，１)の２通りある。

［問４］

⑵　肺では血液中に酸素が取りこまれて，血液中から二酸化炭素が排出《はいしゅつ》される。小腸では血液中に養分が取りこまれる。じん臓では尿素《にょうそ》などの不要物が血液中から排出される。このように，血液は全身を循環し，それぞれの器官で物質を取りこんだり，排出したりしている。

⑶　ヒトは，子宮の中である程度の大きさまで育ってから産まれてくる。子宮の中は羊水という液体で満たされているから，子宮の中では肺で呼吸を行っていない。このため，呼吸に必要な酸素も，へそのおを通して母親から取り入れている。また，呼吸でできた二酸化炭素や不要物は，へそのおを通して母親へ渡している。

［問５］

⑶　花のモチーフ全体を「点あ」を中心に180度回転させたとき，右図の㋐と㋑が重なり，他の部分は重ならない。したがって，㋐を180度回転させた模様を㋑にかきこむ。あとは，「線い」について㋓が㋒と線対称になるように模様をかきこめばよい。

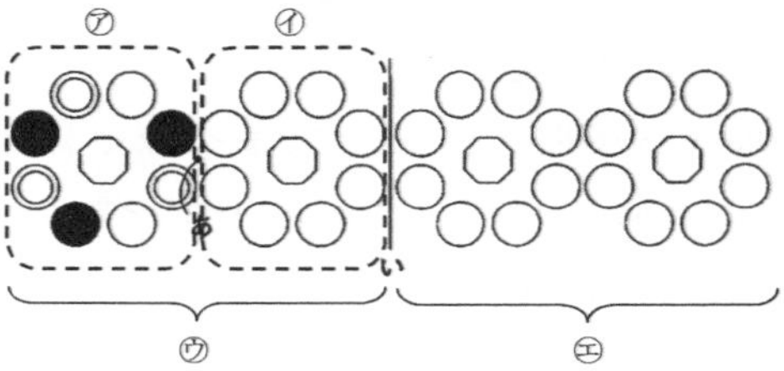

《解答例》

一　問一．①日本で使われる天然ガス、石炭などの化石燃料のうち、輸入にたよるわり合がわかる資料が必要です。②時間と天気で発電量が変わることです。　問二．家具などの転とうによるけがを防ぐために、家具などを固定しておくことです。　問三．①枕草子　②漢字からかな文字が作られたように、これまで取りこんできた大陸の文化をもとに、日本の生活や風土に合った日本風の文化が広がりました。　問四．①とざま大名は、徳川家との関係が浅く、反こうする可能性があるので、江戸から遠いところに配置しました。　②キリスト教の信者を見つけるために、絵踏みを行っている様子が描かれています。

二　問一．Keirounohi〔別解〕Keirônohi　問二．社会につくしてきた老人をうやまい、長生きしていることを祝う日です。

三　問一．いちばん仲良しの光太から、とつ然転校すると聞いてショックをうけた

問二．谷川くんは背が高く、足も速いから、自分と組むにはバランスが悪いと思います。

問三．ペアが仲のよい光太だったら速く走れたのに、ペアが変わって不安なうえに内藤くんにも期待されていないことを残念に思う

四　問一．一週間ほどで死んでしまったが、常識にとらわれず、土を乾燥されたままにすることで、長期飼育に成功した　問二．ぎ問　問三．い和感を覚えたときには、常識にとらわれずに自分で調べることで、本当に最先端の新しい発見がある

問四．（例文）

私は、書道の「はらい」が、習ってきたとおりにやっても、うまくいかなかった。

筆をかえたことに原因があるかもしれないと思いついて、今の筆に合った方法を見つけるために練習をくり返した。そして、筆によって、毛先をまとめるためにひねりをどれくらい入れるのかがちがってくることに気づいた。それから、型どおりの練習だけではなく、自分の道具に適した方法を見つける努力をするようになり、上達することができた。

《解　説》

一　**問一①**　資料１から日本の発電電力量の構成はわかるが，必要な資源の自給率はわからない。上位にある天然ガスや石炭，石油といった化石燃料を，どのくらい海外に頼っているのかを示すことで，イの影響がわかる。実際のわが国のエネルギー自給率は約７％程度しかなく，1973 年に起きたオイルショック（石油危機）のようなことが起きれば，わが国にとって大きな問題となる。その対策として，化石燃料に頼らないで再生可能エネルギーの使用を進めたり，石油や天然ガスの備蓄基地を増設したりすることが考えられる。　**②**　再生可能エネルギーは，半永久的にエネルギー供給ができるといった利点があるが，逆に供給量が安定しないことや発電コストが高いことなどの欠点もある。今回は，資料２で晴れの日とくもりの日の発電量の違いを示していることから，「天候によって発電量が変わる」ことに言及したい。

問二　1995 年に発生した阪神淡路大震災では，倒壊した家屋や家具による圧死で命を落とした犠牲者が多かった。タンスや本棚などの背の高い家具を固定すること，高いところに物を置かないこと，窓に飛散防止のフィルムを貼ることなどの対策が有効である。

問三①　かな文字には平仮名と片仮名がある。平仮名は漢字をくずして簡略化したものであり，片仮名は漢字の一部を使

って表したものと言われている。平安時代に仮名文字で書かれた作品として，清少納言の『枕草子』，紫式部の『源氏物語』，紀貫之の『土佐日記』などがあげられる。男性である紀貫之は，女性の目線で『土佐日記』を著している。

② 国風文化を説明すればよい。以前は，「遣唐使が廃止されたことで唐風の文化が衰え，日本独特の文化が発展した」という見解が主流であったが，現在では「唐風の文化をもとに日本独特の文化にアレンジした」という見解に変わっている。

問四① 資料7には，譜代大名を「関ヶ原の戦い前からの徳川家の家来の大名」，外様大名を「関ヶ原の戦い後に徳川家に従った大名」としているが，古くから徳川家に従った大名が譜代大名，関ヶ原の戦い前後に徳川家に従った大名が外様大名としたほうが正確である。外様大名は交通の不便な遠国に配置され，親藩や有力な譜代大名は，交通の要衝地や江戸から近い領地に配置された。　② 資料8は「踏絵」，資料9は「絵踏み」のようすである。島原の乱以降，キリシタン(キリスト教徒)に対する弾圧が強化され「絵踏み」と「宗門改め」が行われた。「踏絵」を踏めないとキリシタンとみなされた。キリシタンを見つけ出すのが「絵踏み」，キリシタンでないことを証明するのが「宗門改め」である。

二 **問一** 「ケイロウノヒ」の「ロウ」のローマ字表記は「rou」でも「rô」でもよい。

問二 「ケイロウノヒ」は、漢字で「敬老の日」と書く。「敬老」は、(長年社会につくしてきた)老人を敬うこと。祝日の説明なので、老人の長生きを国民が祝う日であることを答える。

三 **問一** 「ぼく」が「えっ？」と言って、「頭の中が白くなった」のは、「いちばんの友達」の「光太《こうた》から、『転校することになった』と、きかされた」からである。前書きに「ぼくは仲のよい光太とペアを組み」とあることからも、「ぼく」と「光太」の仲のよさがわかり、転校を知ったときのおどろきとショックが「頭の中が白く」なるほどだったことが読み取れる。

問二 「バランス」とは、つり合いのこと。真吾《しんご》(＝谷川《たにがわ》くん)は、「クラスでいちばん背《せ》が高」く「足の速さもクラスでいちばん」だ。それに対して「ぼく」は、「身長順に並《なら》ぶと、クラスでいちばん前(＝いちばん背が低い)」で「足は速い方ではない」。よって、「ぼく」は真吾と自分が二人三脚《きゃく》のペアを組むことは、バランスが悪いと言いたかったと思われる。

問三 仲のよい光太とのペアだったら速く走れたのに、ペアが変わってしまったことへの不安は、「ぼく」の胸《むね》を重くしていたはずだ。その上、「クラスのアンカー」の「内藤《ないとう》くん」から「そっちがビリでもこっちが本番。おれらでばんかいすれば、クラスは勝つし」と言われて、自分たちのペアが期待されていないことを知り、より一層残念な気持ちになったと思われる。

四 **問一** 空らんの直前に「カエルの飼育方法の常識に当てはめてフクラガエルを飼育したところ」とあるので、第3～4段落の要点をまとめる。「カエルと言えば湿《しめ》らせて飼うのが常識」だが、「一週間ほどで死んでしまった」。「いろいろ調べてみると、フクラガエルはアフリカの乾燥《かんそう》したところに棲《す》んでいるということがわかった」。そこで、筆者は「常識」にとらわれず、「土を湿らせずに乾燥したままの状態にしてカエルを入れた。するとそのカエルはずっと生き続け」、「長期飼育に成功した」。そして、その後に「常識」のほうが変わった。

問二 筆者は最後の段落で、「習ってきたことと違《ちが》うことや、習ってきたことがうまくいかないというところに『何だろう？』と思う気持ちは大切だ」と述べている。あまり常識にとらわれない「子ども」は、そういう気持ちを抱《いだ》くことが多く、それが「じつはものすごいことを含《ふく》んでいるときがある」。

問三 直前に「現場の本当の最先端《さいせんたん》のことは、ネットには(＝他人が過去に調べたり手に入れたりした情報をネット上に公開しているものには)絶対に出ていない」とある。つまり、違和感《いわかん》を覚えたときには、常識にとらわれずに自分で調べることで最先端の答えを見つけることができるということ。

《解答例》

［問１］ ⑴選んだ記号…ア，イ，キ　理由…からだが頭・むね・はらの３つの部分でできていて、むねに６本のあしがついているからです。　⑵バッタが住んでいるところと、同じようなかん境にした方がよいからです。

［問２］ ⑴答え…280

求め方…通分すると$\frac{8}{20}$と$\frac{5}{20}$なので、その差$\frac{3}{20}$のわり合が４２ページとなります。

全体のページ数は$42 \div \frac{3}{20} = 280$（ページ）です。

⑵答え…26

求め方…青い本の総ページ数を１とすると、最初の６日間は36日で読み終える速さなので、

$\frac{1}{36} \times 6 = \frac{1}{6}$（ページ）読み終える。残りの$\frac{5}{6}$ページは24日で読み終える速さ$\frac{1}{24}$で読むので、

$\frac{5}{6} \div \frac{1}{24} = 20$（日）。

したがって、20＋６＝26（日）です。

［問３］ ⑴答え…５

求め方…飛きゃくが走っていた時間は12（時間）×９（日間）＝108時間です。道のりを時間で割ることで速さを求めることができるので、540（km）÷108（時間）＝５で、時速５kmとなります。

⑵飛きゃくがぼうのようなものをつかんでいるところが力点、飛きゃくがぼうのようなものをかたに乗せているところが支点、荷物をぼうのようなものにつり下げているところが作用点です。

⑶力点から支点までのきょりを長く、支点から作用点までのきょりを短くすることで小さな力で大きなものを動かすことができます。荷物をつり下げる位置を変えずに、荷物をかたの方に近づければよいです。

［問４］ ⑴答え…0.729

求め方…立方体の一辺の長さは０．９ｍなので、０．９×０．９×０．９＝０．７２９（m^3）です。

⑵

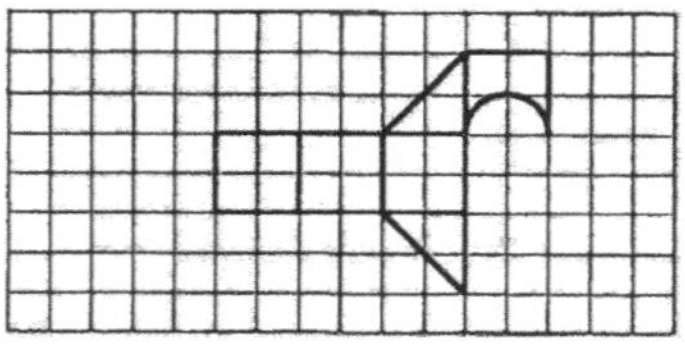

［問５］ ⑴電じしゃくはじしゃくとちがい、電流を流しているときだけじしゃくの性質をもつので、スチールかんを引きつけたり、はなしたりすることができるからです。

⑵電池のつなぎ方の図…

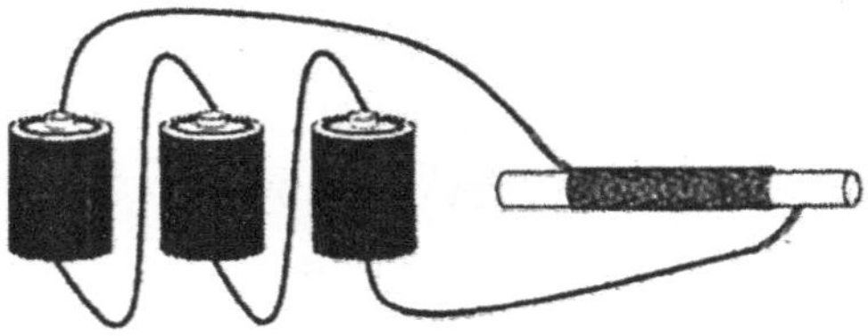

理由…かん電池を直列につなぐと、へい列につなぐときよりも大きな電流が流れるからです。

［問６］ ⑴答え…96

求め方…もぞう紙の面積は、６０×６４＝３８４０（ｃｍ^2）なので、長方形の色画用紙１枚の面積は、

３８４０÷４０＝９６（ｃｍ^2）です。

⑵答え…たて…12　横…８

求め方…長方形の色画用紙のまわりの長さの合計が 40 ㎝なので、たてと横の長さの合計は 40÷２＝20(㎝)です。長方形の面積の求め方は「たて×横」なので、96 ㎠を２つの数のかけ算にわけていきます。

１×96、2×48、のように考えていくと、８×12 となります。８＋12＝20(㎝)となり、12 は 60、

８は 64 の約数なので、長方形のたての長さは 12 ㎝、横の長さは８㎝となります。

⑶答え…122

求め方…70－15×４＝10(㎝)なので、たてにとるすき間の合計は 10 ㎝となります。たてには４枚はるので、すき間は５個分できます。10÷５＝２(㎝)なので、すき間１個分は２㎝となります。横には画用紙を 10 枚はるので、もぞう紙の横にはすき間が 11 個できます。

よって、もぞう紙の横の長さは、10×10＋２×11＝122(㎝)です。

《解　説》

［問１］

⑴　ア～クの動物はすべて背骨がない無セキツイ動物である。これらのうち，ア，イ，ウ，オ，カ，キのように，からだやあしに節があり，からだがかたいからでおおわれている動物を節足動物という。節足動物はさらに，ア，イ，キのようなこん虫類，ウ，オのような甲殻《こうかく》類，カのようなクモ類などに分けられる。ふつう，こん虫類のからだは頭・むね・はらの３つの部分でできていて，むねに６本のあしがついている。なお，羽の枚数は４枚のものが多いが，ハエやカなどのように羽が２枚のものや，ノミなどのように羽がないものもいる。

［問２］

⑵　解答例のように本の全体を１と考えると，最初の６日間は１日に全体の$\frac{1}{36}$ページ読むことになる。残りは１日に全体の$\frac{1}{24}$ページを読むことになる。

［問３］

⑴　１日に走ることができるのは，午前６時から午後６時までなので，12 時間とわかる。

⑶　てこは，支点の左右でてこを回転させるはたらき〔おもりの重さ×支点からおもりをつるした点までの距離《きょり》〕が等しいときにつり合う。例えば荷物の重さを 10 kg，棒のようなものの長さを 150 ㎝とすると，支点を棒の真ん中にしたときには，荷物がてこを回転させるはたらきは 10(kg)×75(㎝)＝750 になる。てこがつり合うとき，力点に加える力は 750÷75(㎝)＝10(kg)になる(右図Ⅰ)。これに対し，支点から作用点までの距離を短く(50 ㎝に)すると，荷物がてこを回転させるはたらきは 10(kg)×50(㎝)＝500 になるので，力点に加える力は 500÷100(㎝)＝５(kg)になる(右図Ⅱ)。

図Ⅰ

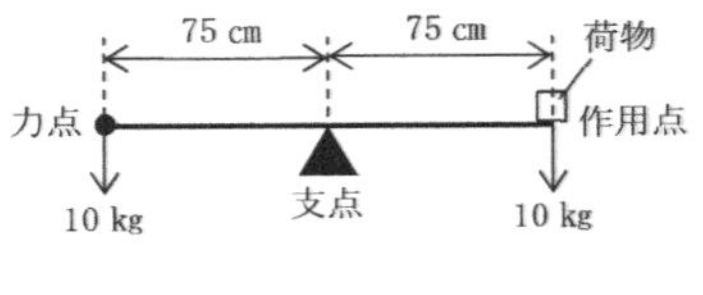

図Ⅱ

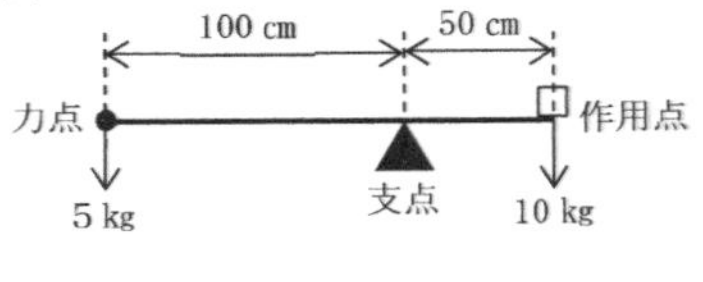

［問４］

⑴　１ｍ＝100 cmなので，90 cm＝$\frac{90}{100}$ｍ＝0.９ｍである。

⑵　解答例以外に，

右図Ⅰや右図Ⅱの展開図もある。

【図Ⅰ】

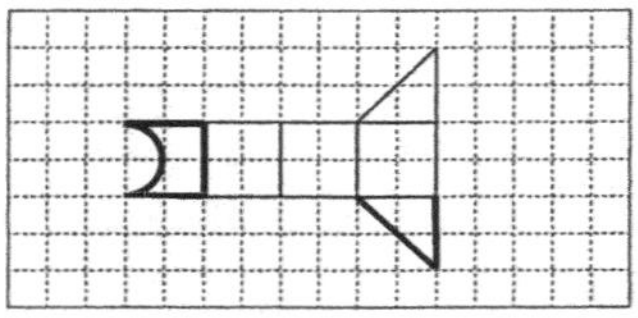

【図Ⅱ】

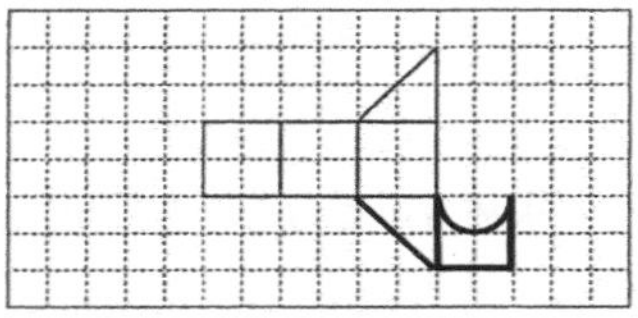

なお，右図のような展開図だと半円に切り取る部分がつながっていないので，組み立てられないことに気を付ける。

【まちがい】

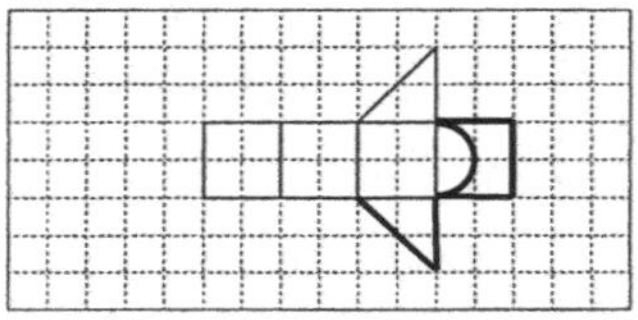

［問５］

⑴　かんの分別をするときには，かんを引きつけるだけでなく，かんをはなす必要がある。アルミかんとスチールかんの分別を磁石で行うと，スチールかんだけを引きつけるときには電磁石とのちがいはないが，引きつけたかんをはなすときには磁石からかんを１つ１つはなす作業が必要になる。電磁石であれば，電流を流さなくすることで磁石の性質がなくなるので，簡単に引きつけたかんをはなすことができる。

⑵　直列につなぐかん電池の数が増えるほど，コイルに流れる電流が大きくなり，磁石の力が大きくなる。したがって，３つのかん電池が直列つなぎになるように導線をかけばよい。なお，かん電池をへい列つなぎにしたときのコイルに流れる電流の大きさは，かん電池１個のときと同じである。

［問６］

⑵　解答例の他にも以下のような解答が考えられる。

「長方形の色画用紙のまわりの長さの合計が 40 cmなので，「たて＋横」は 40÷２＝20(cm)です。長方形の面積の求め方は「たて×横」なので，和が 20 になる２つの数をかけていきます。10×10＝100，９×11＝99，８×12＝96 より，たてと横の長さは８cm，12 cmとわかる。12 は 60，８は 64 の約数なので，長方形のたての長さは 12 cm，横の長さは８cmとなります。」

⑶　たてに４枚はるので，横には 40÷４＝10(枚)はる。

■ ご使用にあたってのお願い・ご注意

（1）問題文等の非掲載

著作権上の都合により，問題文や図表などの一部を掲載できない場合があります。

誠に申し訳ございませんが，ご了承くださいますようお願いいたします。

（2）過去問における時事性

過去問題集は，学習指導要領の改訂や社会状況の変化，新たな発見などにより，現在とは異なる表記や解説になっている場合があります。過去問の特性上，出題当時のままで出版していますので，あらかじめご了承ください。

（3）配点

学校等から配点が公表されている場合は，記載しています。公表されていない場合は，記載していません。

独自の予想配点は，出題者の意図と異なる場合があり，お客様が学習するうえで誤った判断をしてしまう恐れがあるため記載していません。

（4）無断複製等の禁止

購入された個人のお客様が，ご家庭でご自身またはご家族の学習のためにコピーをすることは可能ですが，それ以外の目的でコピー，スキャン，転載（ブログ，ＳＮＳなどでの公開を含みます）などをすることは法律により禁止されています。学校や学習塾などで，児童生徒のためにコピーをして使用することも法律により禁止されています。

ご不明な点や，違法な疑いのある行為を確認された場合は，弊社までご連絡ください。

（5）けがに注意

この問題集は針を外して使用します。針を外すときは，けがをしないように注意してください。また，表紙カバーや問題用紙の端で手指を傷つけないように十分注意してください。

（6）正誤

制作には万全を期しておりますが，万が一誤りなどがございましたら，弊社までご連絡ください。

なお，誤りが判明した場合は，弊社ウェブサイトの「ご購入者様のページ」に掲載しておりますので，そちらもご確認ください。

■ お問い合わせ

解答例，解説，印刷，製本など，問題集発行におけるすべての責任は弊社にあります。

ご不明な点がございましたら，弊社ウェブサイトの「お問い合わせ」フォームよりご連絡ください。迅速に対応いたしますが，営業日の都合で回答に数日を要する場合があります。

ご入力いただいたメールアドレス宛に自動返信メールをお送りしています。自動返信メールが届かない場合は，「よくある質問」の「メールの問い合わせに対し返信がありません。」の項目をご確認ください。

また弊社営業日（平日）は，午前９時から午後５時まで，電話でのお問い合わせも受け付けています。

2025 春

株式会社教英出版
〒422-8054　静岡県静岡市駿河区南安倍３丁目 12-28
TEL　054-288-2131　　FAX　054-288-2133
URL　https://kyoei-syuppan.net/
MAIL　siteform@kyoei-syuppan.net

教英出版　2025年春受験用　中学入試問題集

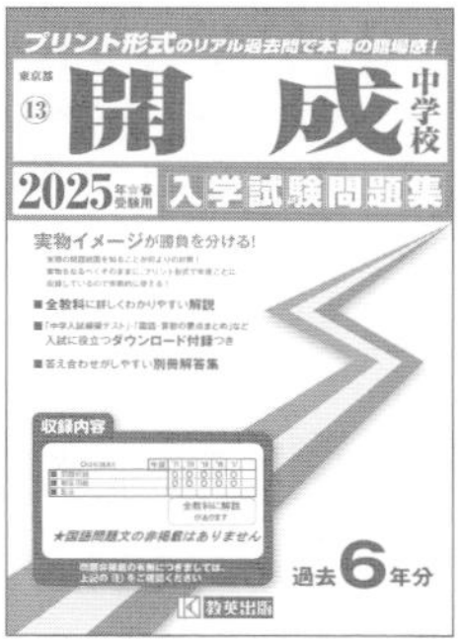

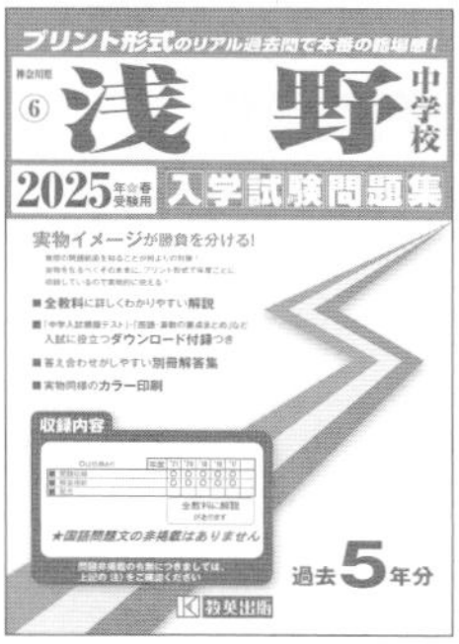

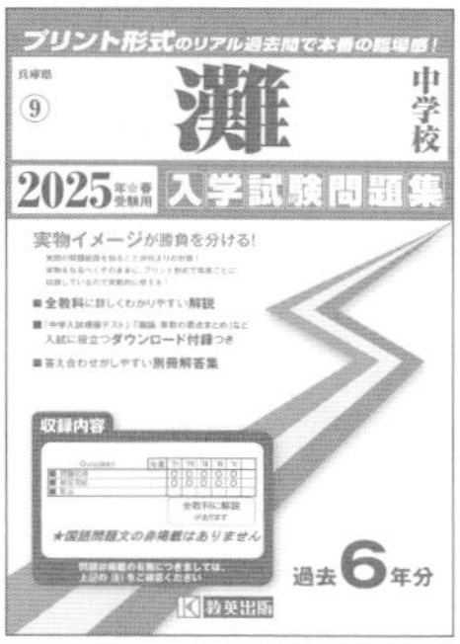

学校別問題集

✿はカラー問題対応

北海道

①[市立]札幌開成中等教育学校
②藤女子中学校
③北嶺中学校
④北星学園女子中学校
⑤札幌大谷中学校
⑥札幌光星中学校
⑦立命館慶祥中学校
⑧函館ラ・サール中学校

青森県

①[県立]三本木高等学校附属中学校

岩手県

①[県立]一関第一高等学校附属中学校

宮城県

①[県立]宮城県古川黎明中学校
②[県立]宮城県仙台二華中学校
③[市立]仙台青陵中等教育学校
④東北学院中学校
⑤仙台白百合学園中学校
⑥聖ウルスラ学院英智中学校
⑦宮城学院中学校
⑧秀光中学校
⑨古川学園中学校

秋田県

①[県立]
- 大館国際情報学院中学校
- 秋田南高等学校中等部
- 横手清陵学院中学校

山形県

①[県立]
- 東桜学館中学校
- 致道館中学校

福島県

①[県立]
- 会津学鳳中学校
- ふたば未来学園中学校

茨城県

①[県立]
- 日立第一高等学校附属中学校
- 太田第一高等学校附属中学校
- 水戸第一高等学校附属中学校
- 鉾田第一高等学校附属中学校
- 鹿島高等学校附属中学校
- 土浦第一高等学校附属中学校
- 竜ヶ崎第一高等学校附属中学校
- 下館第一高等学校附属中学校
- 下妻第一高等学校附属中学校
- 水海道第一高等学校附属中学校
- 勝田中等教育学校
- 並木中等教育学校
- 古河中等教育学校

栃木県

①[県立]
- 宇都宮東高等学校附属中学校
- 佐野高等学校附属中学校
- 矢板東高等学校附属中学校

群馬県

①
- [県立]中央中等教育学校
- [市立]四ツ葉学園中等教育学校
- [市立]太田中学校

埼玉県

①[県立]伊奈学園中学校
②[市立]浦和中学校
③[市立]大宮国際中等教育学校
④[市立]川口市立高等学校附属中学校

千葉県

①[県立]
- 千葉中学校
- 東葛飾中学校

②[市立]稲毛国際中等教育学校

東京都

①[国立]筑波大学附属駒場中学校
②[都立]白鷗高等学校附属中学校
③[都立]桜修館中等教育学校
④[都立]小石川中等教育学校
⑤[都立]両国高等学校附属中学校
⑥[都立]立川国際中等教育学校
⑦[都立]武蔵高等学校附属中学校
⑧[都立]大泉高等学校附属中学校
⑨[都立]富士高等学校附属中学校
⑩[都立]三鷹中等教育学校
⑪[都立]南多摩中等教育学校
⑫[区立]九段中等教育学校
⑬開成中学校
⑭麻布中学校
⑮桜蔭中学校
⑯女子学院中学校
✿⑰豊島岡女子学園中学校
⑱東京都市大学等々力中学校
⑲世田谷学園中学校
✿⑳広尾学園中学校(第2回)
✿㉑広尾学園中学校(医進・サイエンス回)
㉒渋谷教育学園渋谷中学校(第1回)
㉓渋谷教育学園渋谷中学校(第2回)
㉔東京農業大学第一高等学校中等部(2月1日 午後)
㉕東京農業大学第一高等学校中等部(2月2日 午後)

神奈川県

①[県立] 相模原中等教育学校
　　　　平塚中等教育学校
②[市立]南高等学校附属中学校
③[市立]横浜サイエンスフロンティア高等学校附属中学校
④[市立]川崎高等学校附属中学校
✿⑤聖光学院中学校
✿⑥浅野中学校
⑦洗足学園中学校
⑧法政大学第二中学校
⑨逗子開成中学校（1次）
⑩逗子開成中学校（2·3次）
⑪神奈川大学附属中学校（第1回）
⑫神奈川大学附属中学校（第2·3回）
⑬栄光学園中学校
⑭フェリス女学院中学校

新潟県

①[県立] 村上中等教育学校
　　　　柏崎翔洋中等教育学校
　　　　燕中等教育学校
　　　　津南中等教育学校
　　　　直江津中等教育学校
　　　　佐渡中等教育学校
②[市立]高志中等教育学校
③新潟第一中学校
④新潟明訓中学校

石川県

①[県立]金沢錦丘中学校
②星稜中学校

福井県

①[県立]高志中学校

山梨県

①山梨英和中学校
②山梨学院中学校
③駿台甲府中学校

長野県

①[県立] 屋代高等学校附属中学校
　　　　諏訪清陵高等学校附属中学校
②[市立]長野中学校

岐阜県

①岐阜東中学校
②鶯谷中学校
③岐阜聖徳学園大学附属中学校

静岡県

①[国立]静岡大学教育学部附属中学校
　（静岡·島田·浜松）
② [県立]清水南高等学校中等部
　 [県立]浜松西高等学校中等部
　 [市立]沼津高等学校中等部
③不二聖心女子学院中学校
④日本大学三島中学校
⑤加藤学園暁秀中学校
⑥星陵中学校
⑦東海大学付属静岡翔洋高等学校中等部
⑧静岡サレジオ中学校
⑨静岡英和女学院中学校
⑩静岡雙葉中学校
⑪静岡聖光学院中学校
⑫静岡学園中学校
⑬静岡大成中学校
⑭城南静岡中学校
⑮静岡北中学校
⑯ 常葉大学附属常葉中学校
　 常葉大学附属橘中学校
　 常葉大学附属菊川中学校
⑰藤枝明誠中学校
⑱浜松開誠館中学校
⑲静岡県西遠女子学園中学校
⑳浜松日体中学校
㉑浜松学芸中学校

愛知県

①[国立]愛知教育大学附属名古屋中学校
②愛知淑徳中学校
③ 名古屋経済大学市邨中学校
　 名古屋経済大学高蔵中学校
④金城学院中学校
⑤椙山女学園中学校
⑥東海中学校
⑦南山中学校男子部
⑧南山中学校女子部
⑨聖霊中学校
⑩滝中学校
⑪名古屋中学校
⑫大成中学校
⑬愛知中学校
⑭星城中学校
⑮名古屋葵大学中学校
　（名古屋女子大学中学校）
⑯愛知工業大学名電中学校
⑰海陽中等教育学校（特別給費生）
⑱海陽中等教育学校（I·II）
⑲中部大学春日丘中学校
新刊⑳名古屋国際中学校

三重県

①[国立]三重大学教育学部附属中学校
②暁中学校
③海星中学校
④四日市メリノール学院中学校
⑤高田中学校
⑥セントヨゼフ女子学園中学校
⑦三重中学校
⑧皇學館中学校
⑨鈴鹿中等教育学校
⑩津田学園中学校

滋賀県

①[国立]滋賀大学教育学部附属中学校
②[県立] 河瀬中学校
　　　　守山中学校
　　　　水口東中学校

京都府

①[国立]京都教育大学附属桃山中学校
②[府立]洛北高等学校附属中学校
③[府立]園部高等学校附属中学校
④[府立]福知山高等学校附属中学校
⑤[府立]南陽高等学校附属中学校
⑥[市立]西京高等学校附属中学校
⑦同志社中学校
⑧洛星中学校
⑨洛南高等学校附属中学校
⑩立命館中学校
⑪同志社国際中学校
⑫同志社女子中学校（前期日程）
⑬同志社女子中学校（後期日程）

大阪府

①[国立]大阪教育大学附属天王寺中学校
②[国立]大阪教育大学附属平野中学校
③[国立]大阪教育大学附属池田中学校

④[府立]富田林中学校
⑤[府立]咲くやこの花中学校
⑥[府立]水都国際中学校
⑦清風中学校
⑧高槻中学校（Ａ日程）
⑨高槻中学校（Ｂ日程）
⑩明星中学校
⑪大阪女学院中学校
⑫大谷中学校
⑬四天王寺中学校
⑭帝塚山学院中学校
⑮大阪国際中学校
⑯大阪桐蔭中学校
⑰開明中学校
⑱関西大学第一中学校
⑲近畿大学附属中学校
⑳金蘭千里中学校
㉑金光八尾中学校
㉒清風南海中学校
㉓帝塚山学院泉ヶ丘中学校
㉔同志社香里中学校
㉕初芝立命館中学校
㉖関西大学中等部
㉗大阪星光学院中学校

兵庫県

①[国立]神戸大学附属中等教育学校
②[県立]兵庫県立大学附属中学校
③雲雀丘学園中学校
④関西学院中学部
⑤神戸女学院中学部
⑥甲陽学院中学校
⑦甲南中学校
⑧甲南女子中学校
⑨灘中学校
⑩親和中学校
⑪神戸海星女子学院中学校
⑫滝川中学校
⑬啓明学院中学校
⑭三田学園中学校
⑮淳心学院中学校
⑯仁川学院中学校
⑰六甲学院中学校
⑱須磨学園中学校（第1回入試）
⑲須磨学園中学校（第2回入試）
⑳須磨学園中学校（第3回入試）
㉑白陵中学校
㉒夙川中学校

奈良県

①[国立]奈良女子大学附属中等教育学校
②[国立]奈良教育大学附属中学校
③[県立]
　国際中学校
　青翔中学校
④[市立]一条高等学校附属中学校
⑤帝塚山中学校
⑥東大寺学園中学校
⑦奈良学園中学校
⑧西大和学園中学校

和歌山県

①[県立]
　古佐田丘中学校
　向陽中学校
　桐蔭中学校
　日高高等学校附属中学校
　田辺中学校
②智辯学園和歌山中学校
③近畿大学附属和歌山中学校
④開智中学校

岡山県

①[県立]岡山操山中学校
②[県立]倉敷天城中学校
③[県立]岡山大安寺中等教育学校
④[県立]津山中学校
⑤岡山中学校
⑥清心中学校
⑦岡山白陵中学校
⑧金光学園中学校
⑨就実中学校
⑩岡山理科大学附属中学校
⑪山陽学園中学校

広島県

①[国立]広島大学附属中学校
②[国立]広島大学附属福山中学校
③[県立]広島中学校
④[県立]三次中学校
⑤[県立]広島叡智学園中学校
⑥[市立]広島中等教育学校
⑦[市立]福山中学校
⑧広島学院中学校
⑨広島女学院中学校
⑩修道中学校
⑪崇徳中学校
⑫比治山女子中学校
⑬福山暁の星女子中学校
⑭安田女子中学校
⑮広島なぎさ中学校
⑯広島城北中学校
⑰近畿大学附属広島中学校福山校
⑱盈進中学校
⑲如水館中学校
⑳ノートルダム清心中学校
㉑銀河学院中学校
㉒近畿大学附属広島中学校東広島校
㉓ＡＩＣＪ中学校
㉔広島国際学院中学校
㉕広島修道大学ひろしま協創中学校

山口県

①[県立]
　下関中等教育学校
　高森みどり中学校
②野田学園中学校

徳島県

①[県立]
　富岡東中学校
　川島中学校
　城ノ内中等教育学校
②徳島文理中学校

香川県

①大手前丸亀中学校
②香川誠陵中学校

愛媛県

①[県立]
　今治東中等教育学校
　松山西中等教育学校
②愛光中学校
③済美平成中等教育学校
④新田青雲中等教育学校

高知県

①[県立]
　安芸中学校
　高知国際中学校
　中村中学校

福岡県

①[国立]福岡教育大学附属中学校（福岡·小倉·久留米）
②[県立]
- 育徳館中学校
- 門司学園中学校
- 宗像中学校
- 嘉穂高等学校附属中学校
- 輝翔館中等教育学校

③西南学院中学校
④上智福岡中学校
⑤福岡女学院中学校
⑥福岡雙葉中学校
⑦照曜館中学校
⑧筑紫女学園中学校
⑨敬愛中学校
⑩久留米大学附設中学校
⑪飯塚日新館中学校
⑫明治学園中学校
⑬小倉日新館中学校
⑭久留米信愛中学校
⑮中村学園女子中学校
⑯福岡大学附属大濠中学校
⑰筑陽学園中学校
⑱九州国際大学付属中学校
⑲博多女子中学校
⑳東福岡自彊館中学校
㉑八女学院中学校

佐賀県

①[県立]
- 香楠中学校
- 致遠館中学校
- 唐津東中学校
- 武雄青陵中学校

②弘学館中学校
③東明館中学校
④佐賀清和中学校
⑤成穎中学校
⑥早稲田佐賀中学校

長崎県

①[県立]
- 長崎東中学校
- 佐世保北中学校
- 諫早高等学校附属中学校

②青雲中学校
③長崎南山中学校
④長崎日本大学中学校
⑤海星中学校

熊本県

①[県立]
- 玉名高等学校附属中学校
- 宇土中学校
- 八代中学校

②真和中学校
③九州学院中学校
④ルーテル学院中学校
⑤熊本信愛女学院中学校
⑥熊本マリスト学園中学校
⑦熊本学園大学付属中学校

大分県

①[県立]大分豊府中学校
②岩田中学校

宮崎県

①[県立]五ヶ瀬中等教育学校
②[県立]
- 宮崎西高等学校附属中学校
- 都城泉ヶ丘高等学校附属中学校

③宮崎日本大学中学校
④日向学院中学校
⑤宮崎第一中学校

鹿児島県

①[県立]楠隼中学校
②[市立]鹿児島玉龍中学校
③鹿児島修学館中学校
④ラ・サール中学校
⑤志學館中等部

沖縄県

①[県立]
- 与勝緑が丘中学校
- 開邦中学校
- 球陽中学校
- 名護高等学校附属桜中学校

もっと過去問シリーズ

北海道

北嶺中学校
7年分(算数・理科・社会)

静岡県

静岡大学教育学部附属中学校
(静岡·島田·浜松)
10年分(算数)

愛知県

愛知淑徳中学校
7年分(算数・理科・社会)
東海中学校
7年分(算数・理科・社会)
南山中学校男子部
7年分(算数・理科・社会)
南山中学校女子部
7年分(算数・理科・社会)
滝中学校
7年分(算数・理科・社会)
名古屋中学校
7年分(算数・理科・社会)

岡山県

岡山白陵中学校
7年分(算数・理科)

広島県

広島大学附属中学校
7年分(算数・理科・社会)
広島大学附属福山中学校
7年分(算数・理科・社会)
広島学院中学校
7年分(算数・理科・社会)
広島女学院中学校
7年分(算数・理科・社会)
修道中学校
7年分(算数・理科・社会)
ノートルダム清心中学校
7年分(算数・理科・社会)

愛媛県

愛光中学校
7年分(算数・理科・社会)

福岡県

福岡教育大学附属中学校
(福岡·小倉·久留米)
7年分(算数・理科・社会)
西南学院中学校
7年分(算数・理科・社会)
久留米大学附設中学校
7年分(算数・理科・社会)
福岡大学附属大濠中学校
7年分(算数・理科・社会)

佐賀県

早稲田佐賀中学校
7年分(算数・理科・社会)

長崎県

青雲中学校
7年分(算数・理科・社会)

鹿児島県

ラ·サール中学校
7年分(算数・理科・社会)

※もっと過去問シリーズは
国語の収録はありません。

教英出版
〒422-8054
静岡県静岡市駿河区南安倍3丁目12−28
TEL 054-288-2131
FAX 054-288-2133
詳しくは教英出版で検索
教英出版　検索
URL https://kyoei-syuppan.net/

伊奈学園中学校

令和6年度　入学者選考問題

作　文　Ⅰ

受験番号	

（注意）

○ 受験番号を、問題用紙（1か所）と解答用紙（4か所）に書きましょう。

○ 問題用紙は、全部で11ページあります。

○ 時間は、50分間です。

○ 問題用紙の空いている場所は、メモや計算などに使用してもかまいません。

1 これから放送される英語を聞いて、あとの問いに答えましょう。

※音声は収録しておりません

＊ 問題は、問１～問３まであります。
＊ 英語はすべて２回ずつ放送されます。
＊ 問題用紙にメモを取ってもかまいません。
＊ 答えはすべて解答用紙に記入しましょう。

問１　ゆうきさんと友達のジェフさんは好きなスポーツについて話しています。２人の会話を聞いて、文を完成させましょう。

（１）ジェフさんの好きなスポーツは＿＿＿＿＿＿＿＿です。

（２）ジェフさんとゆうきさんは、

＿＿＿＿＿＿で行われた＿＿＿＿＿＿＿＿＿＿＿＿＿＿をテレビで見ました。

問２　ジェフさんのオーストラリアの夏についてのスピーチを聞いて、文を完成させましょう。

（１）オーストラリアの夏休みは、＿＿＿＿＿＿月に始まります。

（２）ジェフさんは、友達と＿＿＿＿＿＿＿＿＿＿＿を楽しんだり、

ビーチで＿＿＿＿＿＿＿＿＿＿＿＿＿＿＿＿＿＿＿＿＿＿＿＿。

（３）オーストラリアでは、夏にたくさんの＿＿＿＿＿＿＿＿＿を見ることができます。

問3　ゆうきさんとジェフさんは、テニスの国際試合について話しています。２人の会話を聞いて、文を完成させましょう。

ゆうきさんは５時にピアノのレッスンがあるため、

＿＿＿＿＿＿＿＿＿＿＿＿＿＿＿＿＿＿＿＿＿＿＿＿＿＿＿＿＿＿＿＿＿＿＿＿＿＿。

※問題は次のページにもあります。

2 ゆうきさんとひかるさんの会話文を読んで、あとの問いに答えましょう。

ひかるさん　今年は、日本がトルコと外交関係を結んでからちょうど１００年の年だね。
ゆうきさん　そうなんだ。トルコって、どこにある国なのかな。
ひかるさん　資料１の地図を用意したよ。トルコは、６つの大陸のうち［　①　］大陸にある国なんだね。
ゆうきさん　なるほど。さらに気付いたんだけど、日本とトルコは、同じ緯度《いど》の地域《ちいき》があるね。ということは、その地域の気候は似ているのかな。
ひかるさん　トルコの首都のアンカラと、ほぼ同じ緯度にある秋田市の気温と降水量《こうすいりょう》のグラフを用意したよ。気温と降水量に着目して比べると、どのようなことが分かるかな。
ゆうきさん　例えば、６月から８月に注目すると、［　②　］
ひかるさん　そうだね。他にも、日本とトルコのことについて調べてみよう。

問１　会話文中の［　①　］にあてはまる大陸名を書き、文章を完成させましょう。

資料１

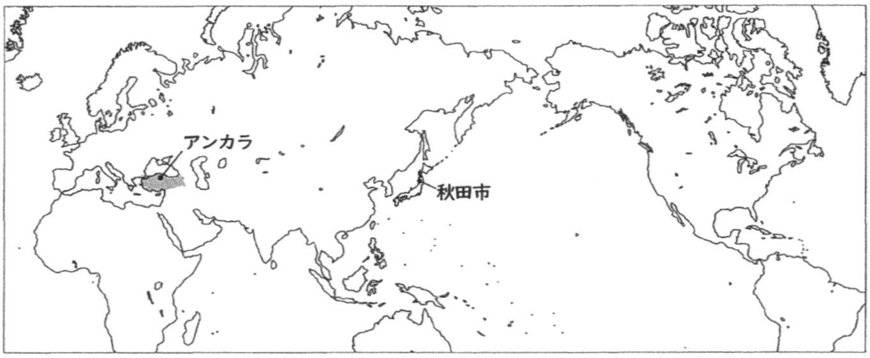

問２　資料２と資料３の気温と降水量のグラフを見て、会話文中の［　②　］にあてはまる言葉を書き、文章を完成させましょう。

資料２　アンカラのグラフ

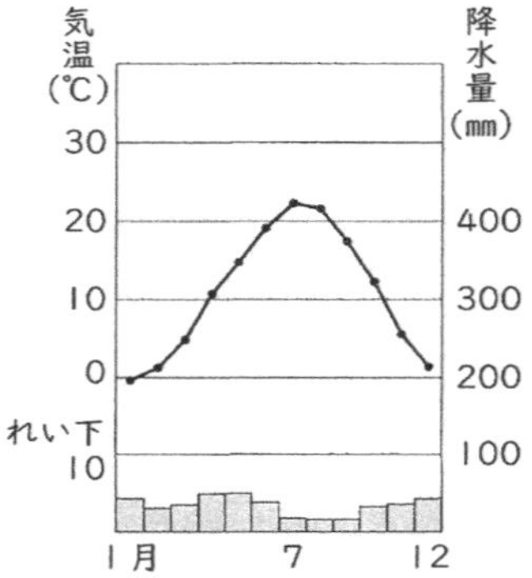

資料３　秋田市のグラフ

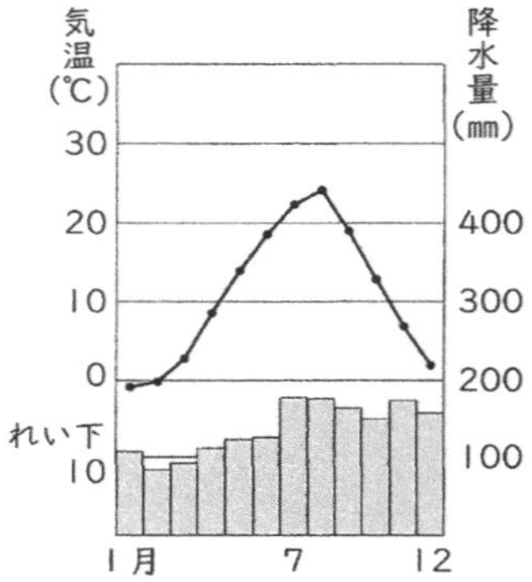

ゆうきさん　日本とトルコは、何がきっかけでつながりをもつようになったのかな。
ひかるさん　きっかけの一つと言われているのは、現在のトルコが建国される前のオスマン帝国《ていこく》の時代に起こったエルトゥールル号に関する出来事だね。
ゆうきさん　どんな出来事なのかな。
ひかるさん　１８９０年に日本を訪《おとず》れていたエルトゥールル号が和歌山県沖《おき》でちんぼつしてしまったんだ。そのときに、和歌山県の人々が救助にあたって、日本全国からも多くの支えんが寄せられたんだよ。
ゆうきさん　大変な出来事だったんだね。なぜエルトゥールル号は日本に来たのかな。
ひかるさん　実は当時のオスマン帝国は、日本と同じようにイギリスやフランスと③不平等条約を結んでいたんだ。それが関係しているんじゃないかな。

問３　ゆうきさんとひかるさんは、会話文中の下線部③について、調べ学習を行い、発表することになりました。その様子を示した、下の［　④　］にあてはまる言葉を１５字以上２５字以内で書き、文章を完成させましょう。

　日本が結んでいた不平等条約の内容の一つに、領事裁判権《りょうじさいばんけん》を認《みと》めている点があります。これでは、外国人が日本で罪をおかしても日本の法律《ほうりつ》でさばくことができません。
　そのため、日本で起こった外国人の犯罪に対して、外国人に有利な判決がくだされやすくなってしまいます。

　他にも、関税自主権《かんぜいじしゅけん》がないという不平等な内容があります。これにより、日本は外国からの輸入品にかける税金を自由に決めることができません。
　そのため、日本国内の製品よりも［　④　］国内の産業がおとろえてしまいます。

※問題は次のページにもあります。

ゆうきさん	日本とトルコの歴史には、他にどんな関係があるのかな。
ひかるさん	明治時代に、トルコで男の子に「トーゴー」っていう名前を付けることがはやった時期があったんだ。なぜだか分かるかな。
ゆうきさん	よく分からないな。「トーゴー」って何のことだろう。
ひかるさん	⑤日露戦争《にちろせんそう》で活躍《かつやく》した東郷平八郎《とうごうへいはちろう》のことだよ。日本海海戦で東郷平八郎の指揮《しき》する艦隊《かんたい》がロシアを破ったことで、一気に人気が高まったんだよ。
ゆうきさん	そうなんだ。いろいろな関係があるんだね。

問４　ひかるさんは、会話文中の下線部⑤について調べ学習を行いました。そして、この戦争が日清戦争《にっしんせんそう》と関わっていることに気付き、資料４の表に整理しました。資料４の［　　⑥　　］にあてはまる文章を、３０字以上４０字以内で書きましょう。

資料４　ひかるさんが作成した表

名称	日清戦争	日露戦争
戦争前の様子を描《えが》いた絵		
絵に描かれた国際関係の説明	⑥	朝鮮半島に勢力をのばしているロシアに、イギリスに背中《せなか》をおされた日本が立ち向かっています。その様子をアメリカが見ています。
結果	下関で条約が結ばれ、清は朝鮮半島《ちょうせんはんとう》の独立を認《みと》めました。しかし、ロシアが日本に対して、新たに手に入れた領土の一部を清に返すようにせまったため、日本はこの要求を受け入れました。その後ロシアは朝鮮半島に勢力をのばしました。	アメリカの仲立ちによって条約が結ばれ、ロシアは、朝鮮半島を日本の勢力のもとに置くことを認めました。この日本の勝利は、ロシアや欧《おう》米《べい》の圧力や支配に苦しむトルコなどの国々を勇気づけました。

ひかるさん　昨年は、トルコで大統領選挙が行われていたね。
ゆうきさん　私《わたし》もニュースで見たよ。ところで日本には、大統領はいるのかな。
ひかるさん　日本には、大統領はいないけど、内閣総理大臣《ないかくそうりだいじん》はいるよ。
ゆうきさん　そうなんだ。トルコの大統領の決め方と、日本の内閣総理大臣の決め方には、どのようなちがいがあるのかな。
ひかるさん　トルコの大統領は、選挙権をもつ人々によって直接選ばれるけど、日本の内閣総理大臣は［　　⑦　　］

問５　資料５を見て、会話文中の［　⑦　］にあてはまる言葉を書き、文章を完成させましょう。

資料５　ひかるさんのノート

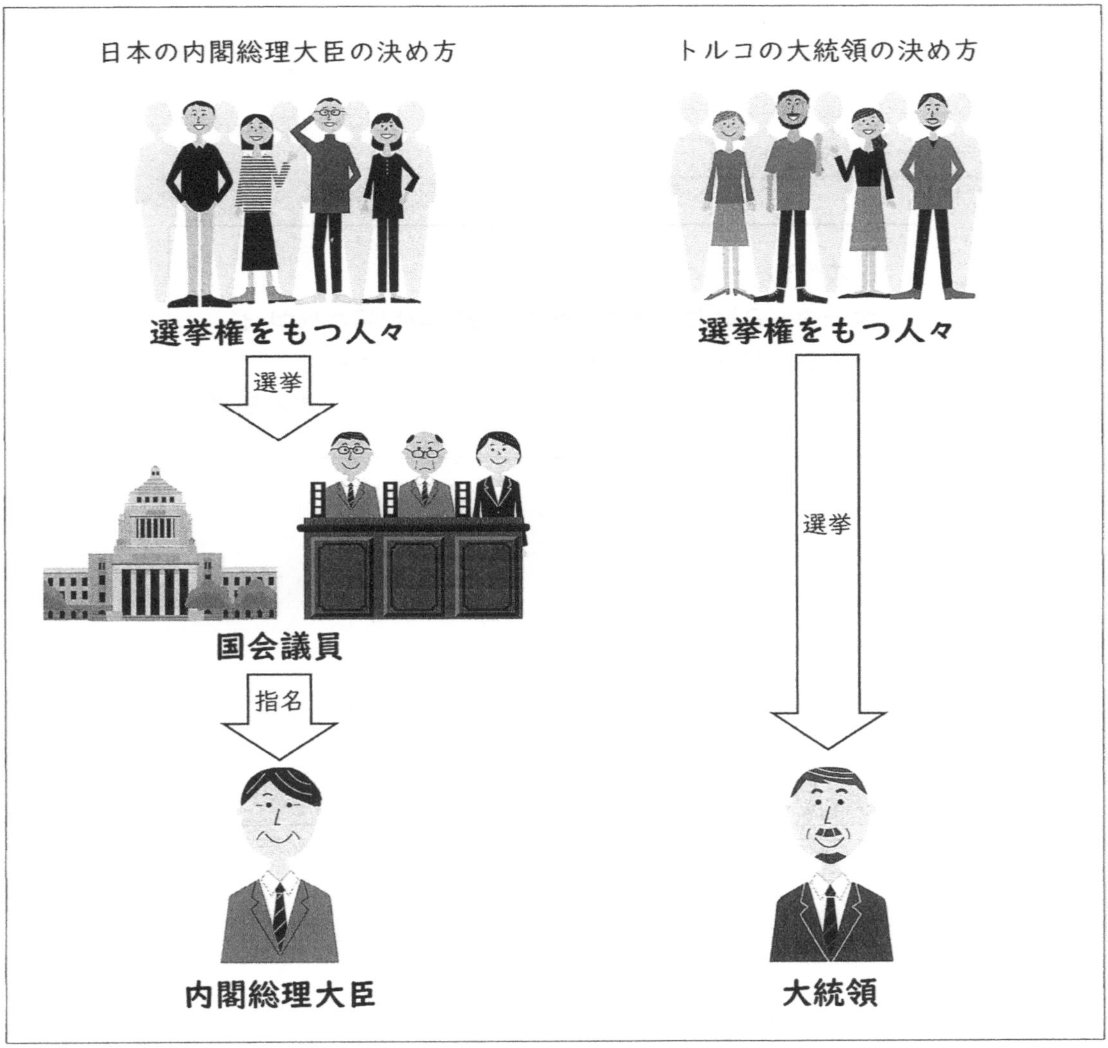

※問題は次のページにもあります。

3 次の文章を読み、あとの問一～問四に答えましょう。

（　葉子《ようこ》と正和《まさかず》（ハカセ）は、公園で正和の弟のタカちゃんの姿《すがた》を目にする。タカちゃんは、手術を受ける母親のために、よつばのクローバーを探《さが》しているが見つからない。正和は、よつばをわたせてもわたせなくても手術がうまくいかなかったときに、タカちゃんが自分のせいだと思ってしまうのではないかと葉子に話す。　）

お詫び

著作権上の都合により、文章は掲載しておりません。

ご不便をおかけし、誠に申し訳ございません。

教英出版

※問題は次のページにもあります。

（『箱の中のホワイトデイズ』三野《みの》誠子《せいこ》　著《ちょ》より　一部省略がある。）

問一　――線①「正和は苦笑いして、しばらく考えこみました。」とありますが、なぜ正和はこのようにふるまったのですか。次の文の空らんア、空らんイに当てはまるように、それぞれ五字以上七字以内で書きましょう。

> 葉子の頼《たの》みが［　ア　］ことには苦笑いしたけれど、その一方で、たしかに何か［　イ　］しかないとも思ったからです。

問二　――線②「葉子は、待っててと言うなり、走って家に帰りました。」とありますが、このときの葉子はどのようなことを考えていましたか。次の文の空らんに当てはまるように、「思いついた」という言葉を使って、一〇字以上一五字以内で書きましょう。

正和の＿＿＿＿＿＿＿＿＿＿と考えていました。

問三　――線③「たちまちほおを真っ赤にそめ、タカちゃんは花を集め始めました。」とありますが、このときのタカちゃんのようすをくわしく説明しましょう。次の文の空らんに当てはまるように、四〇字以上五〇字以内で書きましょう。

よつばは見つけられなくても、＿＿＿＿＿＿＿＿＿＿＿＿＿＿＿＿＿＿＿＿ようす。

問四　――線④「タカちゃんと正和はつかれた顔にほっとした笑みをうかべて、うなずき合いました。」とありますが、このときタカちゃんはどんな気持ちでしたか。次の文の空らんに当てはまるように、「よつばの代わりに」「安心」という言葉を両方使って、二五字以上三五字以内で書きましょう。

暗くなるまでよつばを探して体はつかれたが、＿＿＿＿＿＿＿＿＿＿＿＿＿＿＿＿＿＿＿＿し、正和の言葉に納得《なっとく》した気持ちを表しています。

※問題は次のページにもあります。

4　あなたが好きな場所はどこですか。場所を一か所取り上げて、自分の気持ちや考えにふれながらその場所での体験をふまえて、なぜ好きかを書きましょう。書くときは、次の（注意）にしたがいましょう。

（注意）

○　作文は一〇行以上一二行以内で書きましょう。

○　原稿《げんこう》用紙の正しい使い方にしたがって、文字、仮名《かな》づかいも正確に書きましょう。

○　氏名は書かないで、一行目から本文を書きましょう。

※以上で問題は終わりです。

令和６年度　入学者選考問題

作　文　Ⅱ

受験番号	

（注意）

○ 受験番号を、問題用紙（１か所）と解答用紙（４か所）に書きましょう。

○ 問題用紙は、全部で10ページあります。

○ 時間は、50分間です。

○ 問題用紙の空いている場所は、メモや計算などに使用してもかまいません。

1　ゆうきさんとひかるさんの会話文を読んで、あとの問いに答えましょう。

ゆうきさん　去年まで運動会で使っていた図１のような表しょう台を、同じ大きさでつくりたいと思うんだ。何か去年のようすがわかるものはないかな。

ひかるさん　去年、私《わたし》が２位で表しょう台に上ったときの図２の写真が残っているよ。

ゆうきさん　これは参考になりそうだね。でもこの写真の縮尺《しゅくしゃく》がわからないから、これだけでは表しょう台の大きさは求められないね。どうしたらいいかな。

ひかるさん　<u>①確かこのときの私の身長は、１４０cmだよ。</u>このことをうまく使えないかな。

図１　表しょう台のイメージ

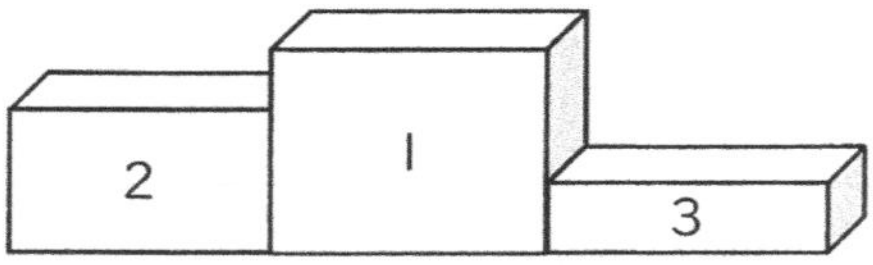

図２　表しょう台の正面からとった写真

問１　図３のように、表しょう台の底面部分がものさしのはしにあたるように、写真にものさしをあてました。このとき、２位の表しょう台の上部分はものさしの３cm、ひかるさんの頭の上はものさしの１０cmをさしていました。図３と下線部①を使って、実際の表しょう台における２位の台の高さを求めましょう。

　また、その求め方を説明しましょう。

図３　図２の写真にものさしをあてた図

問２　図１を参考にして、次の【つくり方】や【条件】を満たすように表しょう台をつくります。（図３は考えません。）このとき、必要な材料の板は最少で何枚ですか。
　また、使い切ることができない板がある場合は、残った板について、縦《たて》何cm、横何cmのものが残るか、すべて答えましょう。残りがなければ「なし」と書きましょう。

【つくり方】

手順１　材料となる板を切断し、表しょう台の面をつくります。

手順２　手順１で切断した板を使い、３つの直方体をつくります。
（直方体の面１つあたりに使う板は１枚です。２枚以上の板をつないで１つの面をつくることはしません。）

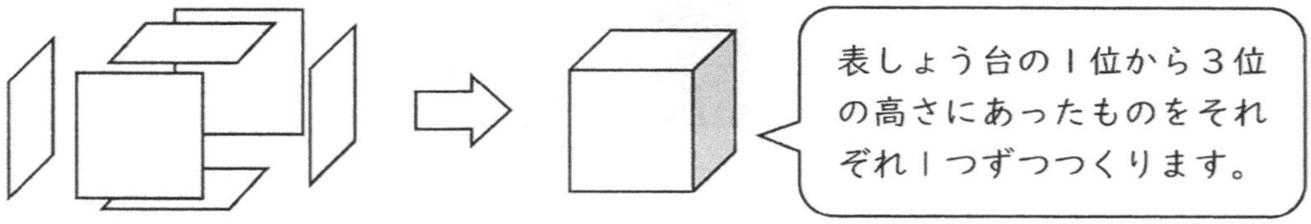
表しょう台の１位から３位の高さにあったものをそれぞれ１つずつつくります。

手順３　手順２でつくった３つの直方体をつなぎ合わせます。

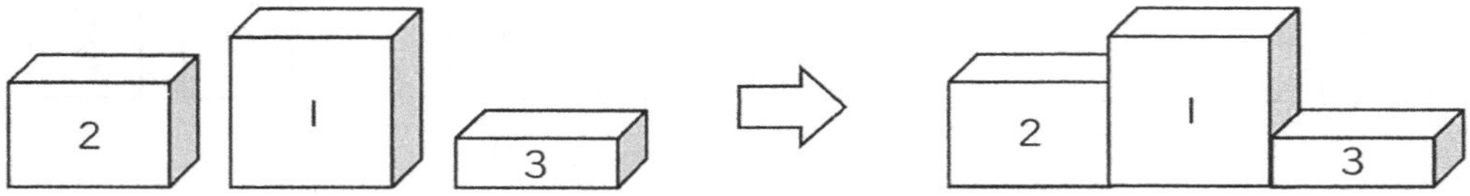
2
1
3
2
1
3

【条件】

条件１　縦９０cm、横１８０cmの長方形の板を材料にしてつくります。
条件２　表しょう台の上の面は、１位～３位のいずれも１辺が９０cmの正方形です。
条件３　表しょう台の高さは、１位、２位、３位の比が３：２：１です。
条件４　つなぎ合わせる３つの直方体のうち、１位のものは立方体です。
条件５　板の厚みはないものとして考えます。

※問題は次のページにもあります。

ゆうきさん　運動会で使う万国旗を準備していて思ったけど、世界にはいろいろなデザインの国旗があるね。

ひかるさん　そうだね。でも、色がちがうだけで形が似ている国旗もたくさんあるよ。図４のような３色を並べた国旗はたくさんあるね。例えば、アフリカのギニアとマリでは、赤、黄、緑のような３色を横に並《なら》べているね。

ゆうきさん　赤、黄、緑の３色を１回ずつ使って横に並べて新しい旗をつくるとしたら、全部で何種類つくることができるかな。

ひかるさん　２７種類じゃないかな。図５のように考えてみたよ。

ゆうきさん　本当にこの考え方であっているのかな。

図４　３色を横に並べた旗

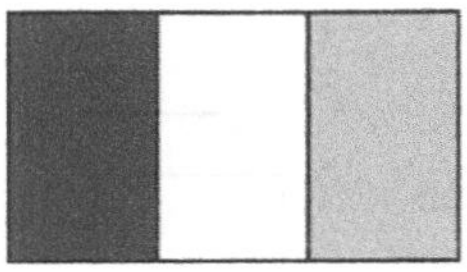

図５　ひかるさんが考えた図

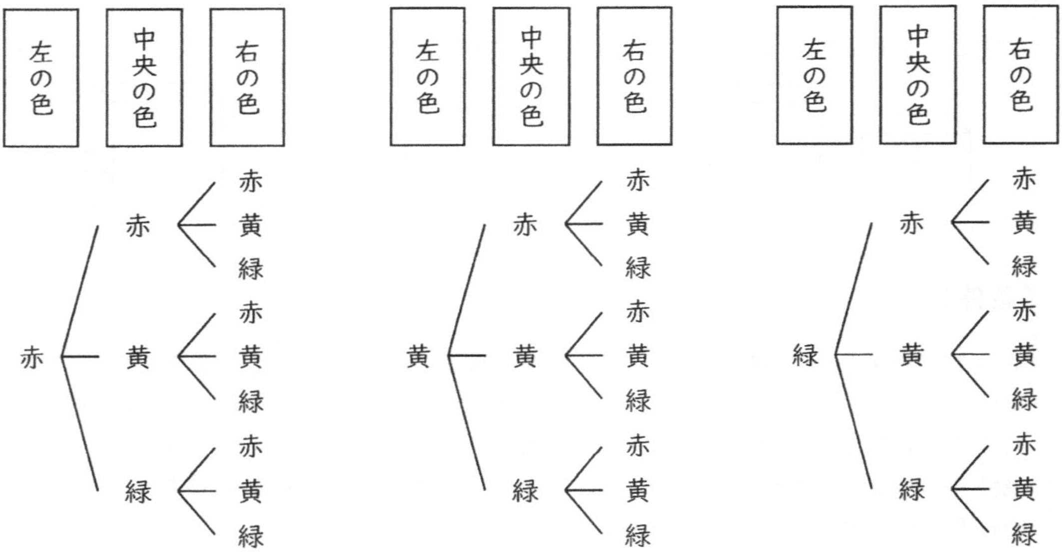

問３　赤、黄、緑の３色を１回ずつ使って横に並べて図４のような旗をつくります。このとき、次の【注意】を読み、次の（１）、（２）の問いに答えましょう。

【注意】

下の旗Bは、回転すると旗Aと同じものに見えてしまいますが、旗Aと旗Bは別のものとして考えます。

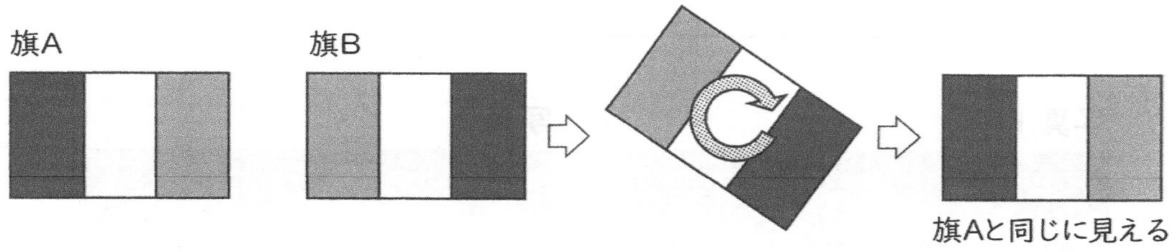

（１）ひかるさんは、図５をもとに全部で２７種類の旗をつくることができると考えました。しかし、ひかるさんの考えは誤《あやま》っています。

次の文章の空らんに当てはまる言葉を書き、ひかるさんの考えがどのように誤っているか説明する文章を完成させましょう。

> 例えば、図５の中には、左の色が＿＿＿＿、中央の色が＿＿＿＿、右の色が＿＿＿＿となっているものがあります。
>
> これは、＿＿＿＿＿＿＿＿＿＿＿＿＿＿＿＿＿＿＿＿ので、誤っています。

（２）全部で何種類の旗をつくることができるか求めましょう。
また、図５のように、求めるときの考えを図に表しましょう。

※問題は次のページにもあります。

2 ゆうきさんとひかるさんの会話文を読んで、あとの問いに答えましょう。

ひかるさん　この前、家族と川原でバーベキューをしたときに、写真１と写真２のようなものを見たよ。

ゆうきさん　写真１と写真２のしま模様《もよう》は地層《ちそう》だね。特に写真２に写っている大地のずれのことは［　①　］というね。

ひかるさん　<u>②地層は、おもに川を流れる水のはたらきによって運ばれた、れき、砂《すな》、どろが海や湖の底にたい積してできた</u>ものだね。

写真１

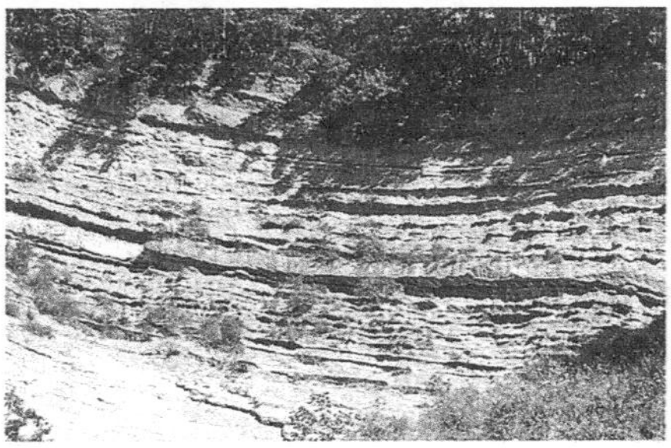

写真２

問１　会話文中の［　①　］にあてはまる言葉を書き、文を完成させましょう。

問２　下線部②以外の地層のでき方を１つ書きましょう。

受験番号	

2

問1	トルコは、６つの大陸のうち＿＿＿＿＿＿大陸にある国なんだね。
問２	例えば、６月から８月に注目すると、 ＿＿＿＿＿＿＿＿＿＿＿＿＿＿＿＿ ＿＿＿＿＿＿＿＿＿＿＿＿＿＿＿＿
問３	そのため、日本国内の製品よりも 15 25 国内の産業がおとろえてしまいます。
問４	30 40
問５	トルコの大統領は、選挙権をもつ人々によって直接選ばれるけど、日本の内閣総理大臣は ＿＿＿＿＿＿＿＿＿＿＿＿＿＿＿＿ ＿＿＿＿＿＿＿＿＿＿＿＿＿＿＿＿

問１．２点
問２．２点
問３．４点
問４．４点
問５．４点

令和六年度　入学者選考問題　　作文Ⅰ

【解答用紙】　２枚目

受験番号

問一．４点
問二．３点
問三．３点
問四．４点

3

問一

菓子の頼みが　ア　ことには苦笑いしたけれど、その一方で、たしかに何か　イ　しかないとも思ったからです。

問二

正和の　　　　と考えていました。

問三

よつばは見つけられなくても、　　　　ようす。

問四

暗くなるまでよつばを探して体はつかれたが、　　　　し、正和の言葉に納得した気持ちを表しています。

受験番号	

問1	特に写真２に写っている大地のずれのことは＿＿＿＿＿＿＿＿というね。
問２	
問３	

1 問１．４点
問２．３点
問３．⑴３点
⑵４点

2 問１．２点
問２．３点
問３．４点

3 問１．２点
問２．３点
問３．４点
問４．４点

4 問１．３点
問２．３点
問３．２点
問４．⑴２点
⑵４点

令和６年度　入学者選考問題　　作文Ⅱ

【解答用紙】　２枚目

受験番号	

3

問１	ものが水にとけた液のことを＿＿＿＿＿＿＿＿というと学んだね。	
問２	２０℃で５０mLの水にとける食塩の最大の量は＿＿＿＿ｇ以上、＿＿＿＿ｇ未満にしぼりこめるね。	
問３		
問４	記号	
	理由	

受験番号	

4

問1		
問2	____ × ____ ＋ ____ ＝ ____	
問3	____は____の倍数です。また、____は____の約数です。	
問4	（1）	１２の約数
	（2）	４８の約数
		求め方

令和６年度　入学者選考問題　　作文Ⅱ

【解答用紙】　１枚目

※50点満点

受験番号	

1

問１

cm

求め方

問２

枚

残り

問３

（１）

例えば、図５の中には、左の色が____、中央の色が____、右の色が____となっているものがあります。これは、____ので、誤っています。

（２）

種類

考え

4

10点

10行

受験番号

令和６年度　入学者選考問題　　作文Ⅰ

【解答用紙】　１枚目

※50点満点

受験番号	

1

問１	（１）	ジェフさんの好きなスポーツは＿＿＿＿＿＿＿＿＿＿です。
	（２）	ジェフさんとゆうきさんは、＿＿＿＿＿＿＿＿＿＿で行われた ＿＿＿＿＿＿＿＿＿＿＿＿をテレビで見ました。
問２	（１）	オーストラリアの夏休みは、＿＿＿＿月に始まります。
	（２）	ジェフさんは、友達と＿＿＿＿＿＿＿＿＿＿を楽しんだり、 ビーチで＿＿＿＿＿＿＿＿＿＿＿＿＿＿。
	（３）	オーストラリアでは、夏にたくさんの ＿＿＿＿＿＿＿＿＿＿を見ることができます。
問３		ゆうきさんは5時にピアノのレッスンがあるため、 ＿＿＿＿＿＿＿＿＿＿＿＿＿＿＿＿＿＿＿＿＿＿＿＿＿＿＿＿。

問１．⑴１点
⑵２点
問２．⑴１点
⑵３点
⑶１点
問３．２点

ひかるさん　バーベキューをした場所は、川が曲がっているところの内側だったよ。
その外側の川岸はがけのようになっていたよ。
ゆうきさん　川の曲がっているところの内側と外側では何かちがいがあるのかな。
ひかるさん　じゃあ、実験をして調べてみよう。

実験

【課題】　川の曲がっているところの内側と外側で、流れる水のはたらきには、どのようなちがいがあるのだろうか。

【計画】
（１）図のように、土のしゃ面をつくり、みぞをつけ、川のように曲がったところの３か所を、それぞれ、地点Ａ、地点Ｂ、地点Ｃとする。
（２）地点Ａ、地点Ｂ、地点Ｃの内側と外側に棒《ぼう》を６本ずつ立てる。
（３）上から水を流し、たおれた棒の数を調べる。

図

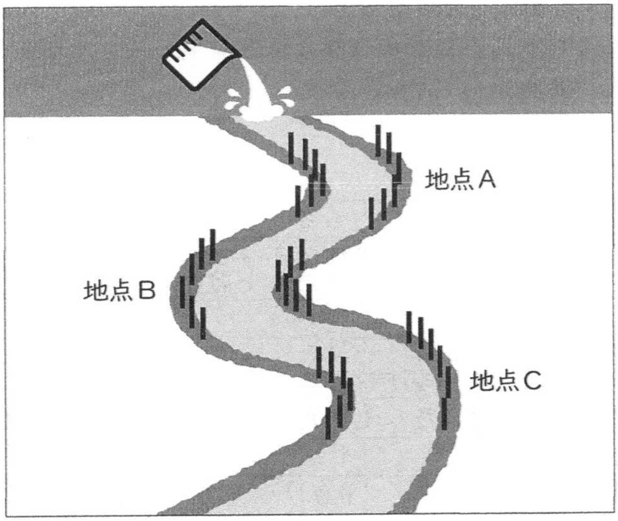

【結果】

	地点Ａ		地点Ｂ		地点Ｃ	
	内側	外側	内側	外側	内側	外側
たおれた棒の数（本）	２	６	１	５	０	４

問３　実験の【結果】から、川の曲がっているところの内側と外側では、流れる水のはたらきがどのようにちがうか書きましょう。

※問題は次のページにもあります。

3　ゆうきさんとひかるさんの会話文を読んで、あとの問いに答えましょう。

ゆうきさん　この前、テレビで海の水から塩をとり出しているのを見たよ。
ひかるさん　とり出せるということは、もともと海の水にふくまれてるということだね。
ゆうきさん　そのように、ものが水にとけた液のことを［　①　］というと学んだね。
ひかるさん　海の水はとても塩からいよね。とても塩からい食塩水をつくるには、たくさんの食塩を水にとかさないといけないね。
ゆうきさん　食塩は水にいくらでもとけるのかな。それとも限りがあるのかな。
ひかるさん　実験して調べてみよう。

実験

【課題】　食塩が水にとける量には、限りがあるのだろうか。

【計画】　（１）３つのビーカーに、２０℃の水を５０mLずつはかり取って入れる。
（２）食塩をＡ班《はん》は３ｇ、Ｂ班は４ｇ、Ｃ班は５ｇはかり取って、それぞれ水に入れて静かにかき混ぜる。
（３）全部とけたら、同じ量の食塩をはかり取って、食塩をとかし、何ｇまでとけるか調べて、記録する。

【結果】

Ａ班	加えた食塩の量（ｇ）	３	６	９	１２	１５	１８
	加えた食塩のようす	すべてとけた	すべてとけた	すべてとけた	すべてとけた	すべてとけた	とけ残った

Ｂ班	加えた食塩の量（ｇ）	４	８	１２	１６	２０
	加えた食塩のようす	すべてとけた	すべてとけた	すべてとけた	すべてとけた	とけ残った

Ｃ班	加えた食塩の量（ｇ）	５	１０	１５	２０
	加えた食塩のようす	すべてとけた	すべてとけた	すべてとけた	とけ残った

ゆうきさん　実験の結果から食塩が水にとける量には、限りがあることがわかるね。また、その限りの量が考えられそうかな。
ひかるさん　そうだね。３つの班の結果を合わせて考えると、２０℃で５０mLの水にとける食塩の最大の量は［　②　］ｇ以上、［　③　］ｇ未満にしぼりこめるね。

問１　会話文中の［　①　］にあてはまる言葉を書き、文を完成させましょう。

問２　会話文中の［　②　］、［　③　］にあてはまる数字を書き、文を完成させましょう。

ひかるさん　実験のあと調べてみたら、次のような２つのグラフを見つけたよ。
ゆうきさん　グラフ１を見ると、水１００mLにものがどれくらいとけるかは、水の温度によって変わることがわかるね。
ひかるさん　うん。それに加えて、④とけるものによってもちがうみたいだね。
ゆうきさん　グラフ２を見ると、水の温度が同じときには、ものがとける量は水の量に比例しているね。

グラフ１　水の温度と水１００mLにとけるものの量

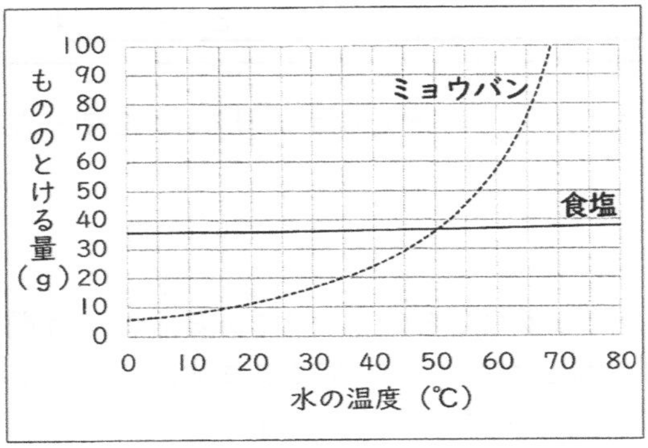

グラフ２　水の量と２０℃の水にとけるものの量

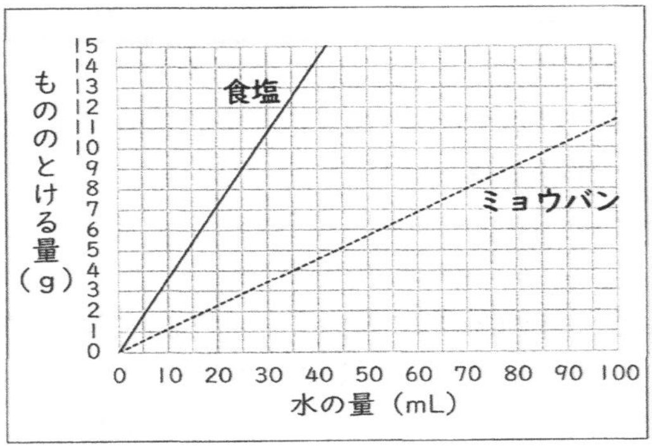

問３　下線部④について、食塩とミョウバンでは、水の温度が上がったときのとける量の変化のしかたにはどのようなちがいがあるか、グラフ１をもとに書きましょう。

問４　次のグラフ３は水の温度を６０℃にしたときの水の量とものとける量を表したものです。ミョウバンのようすを正しく表していると考えられるのはア～エのどれか、記号で書きましょう。
　また、そのように考えられる理由を書きましょう。

グラフ３　水の量と６０℃の水にとけるものの量

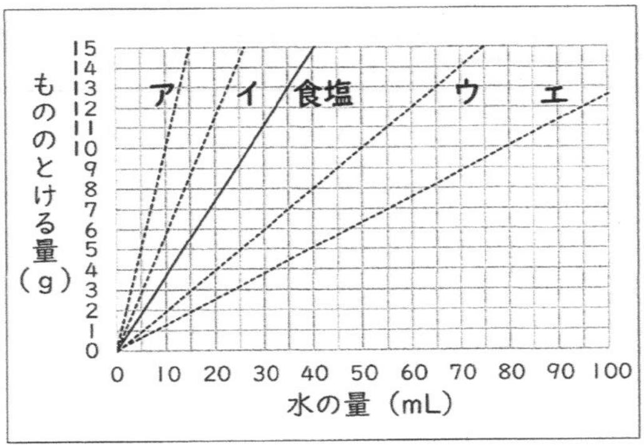

※問題は次のページにもあります。

4　ゆうきさんとひかるさんの会話文を読んで、あとの問いに答えましょう。

ゆうきさん　先生が「わり算は、習いたてのころはかけ算の式を使って商を求めていたね」と言っていたんだけど、どういうことなんだろう。

ひかるさん　例えば、「①１２÷４の商を求めるときに、１２÷４＝xとすると、このxを求めるために、頭の中では別のかけ算の式を思いうかべている」ということだよ。

ゆうきさん　たしかにそうだね。習いたてのころ、頭の中では４の段《だん》の九九を思いうかべて求めていたなあ。

ひかるさん　②あまりのあるわり算の式も、かけ算を含《ふく》んだ式で表すことができるね。

問１　下線部①について、１２÷４＝xのxを求めるときに考えるかけ算を、xを使った式で表しましょう。

問２　下線部②について、「ＰをＡでわったときの商がＱであまりがＲである」という関係をたし算とかけ算の式で表すとき、下のような式で表すことができます。このとき、空らんにＡ、Ｐ、Ｑ、Ｒのいずれかを入れ、式を完成させましょう。

＿＿＿　×　＿＿＿　＋　＿＿＿　＝　＿＿＿

ひかるさん　倍数や約数も、かけ算とわり算の関係に注目すれば、ひとつの式で表すことができるよ。

ゆうきさん　どういうこと？　教科書にはこう書いてあったよ。

> ３に整数をかけてできる数を、３の倍数といいます。
> １２をわり切ることができる整数を、１２の約数といいます。

これを読むかぎり、倍数はかけ算、約数はわり算の話なんじゃないの？

ひかるさん　実は、③Ａ×Ｂ＝Ｃという１つの式で、倍数も約数も説明ができるよ。

問３　下線部③の式を使って、倍数、約数を次の文のように説明しました。説明中の空らんそれぞれにＡ、Ｂ、Ｃのいずれか１つを当てはめて説明しましょう。ただし、Ａ、Ｂ、Ｃは０以外の整数とします。

＿＿＿＿は＿＿＿＿の倍数です。また、＿＿＿＿は＿＿＿＿の約数です。

ひかるさん　Ａ×Ｂ＝Ｃの式をもとに、１２の約数の個数を考えてみたよ。まず、１２を整数の積の形に表すために、メモ１のように、１２を１以外のできるだけ小さい整数で、商が１になるまでわりきれる計算をしつづけてみたんだ。その結果、１２は次の式で表せることがわかったよ。

　　④ **１ × ２ × ２ × ３＝１２**

メモ１

１２÷ **２** ＝６

６÷ **２** ＝３

３÷ **３** ＝ **１**

ゆうきさん　確かに、メモ１の最後に商として出てきた１に、これまでに出てきたわる数をかけると、１２にもどるよね。そのあとどう考えるの？

ひかるさん　メモ２のように、④の式を⑤Ａ×Ｂ=Ｃの形にして、ひとまとまりの数とみる部分をかっこを使ってつくれば、約数がみつかるよ。そして、ひとまとまりの数とみる部分を変えることで、すべての約数をみつけられるはずだよ。

ゆうきさん　なるほど。そうすればすべての約数を求められそうだね。

メモ２

１×（２×２×３）　＝１２

（１×２）×（２×３）＝１２

（１×２×２）×３　＝１２

問４　下線部⑤、メモ２について、次の問いに答えましょう。

（１）下線部⑤の考えを使って１２の約数をすべて求めましょう。

（２）メモ２のように、ひとまとまりの数とみる部分を、かっこを使ってつくる考えをもとに、４８の約数をすべて求めましょう。

　また、その求め方を説明しましょう。

※以上で問題は終わりです。

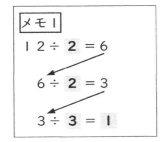

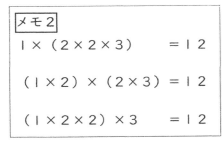

※音声は収録しておりません

【英語台本　英文のみ抜粋】

問１
Yuki：Jeff, I like sports.　I like tennis very much.　How about you?
Jeff：I like rugby.　Rugby is popular in my country, Australia.
Yuki：I watched the France Rugby World Cup on TV.　Did you watch it?
Jeff：Of course!　I watched it too.

問２
I want to talk about summer in Australia.
In Japan, it is winter in December, but in my country, it's summer.
And summer in Australia is interesting!
Our summer vacation starts in December.　I enjoy surfing with my friends and listen to music on the beach.
You can see many beautiful flowers in summer.
Thank you for listening.

問３
Yuki：I want to watch a tennis game.
Jeff：Oh, the big game starts in Spain tomorrow.
Yuki：What time is the game?
Jeff：Well, you can watch the game on TV at 5 in the evening in Japan.
Yuki：Really?　I can't watch the game.　I have the piano lesson at 5.

伊奈学園中学校

令和５年度　入学者選考問題

作　文　Ⅰ

受験番号	

（注意）

○　受験番号を、問題用紙（１か所）と解答用紙（４か所）に書きましょう。

○　問題用紙は、全部で13ページあります。

○　時間は、50分間です。

○　問題用紙の空いている場所は、メモや計算などに使用してもかまいません。

※問題は次のページから始まります。

※音声は収録しておりません

1　マイクさんとゆうきさんはスーパーマーケットに来ています。放送される英語を聞いて、あとの問いに答えましょう。

＊　問題は、問１～問３まであります。
＊　英語はすべて２回ずつ放送されます。
＊　問題用紙にメモを取ってもかまいません。
＊　答えはすべて解答用紙に記入しましょう。

問１　マイクさんとゆうきさんが、スーパーマーケットで食材を見ながら話をしています。２人の会話を聞いて、スーパーマーケットで売っている食材の産地についてあてはまる国を書き、文を完成させましょう。

問２　マイクさんとゆうきさんが、バーベキューの食材について話をしています。２人の会話を聞いて、スーパーマーケットで２人が買おうとしている食材を４つ書き、文を完成させましょう。

問３　マイクさんはレジで会計をしています。店員とマイクさんの会話を聞いて、レジで支《し》払《はら》う金額についてあてはまる数字を書き、文を完成させましょう。

※問題は次のページにもあります。

2　次の会話を読んで、あとの問いに答えましょう。

ひかるさん　今年は、関東大震災《かんとうだいしんさい》からちょうど100年の年だね。
ゆうきさん　100年前は、大正時代だね。どのような時代だったのかな。
ひかるさん　大正時代は、民主主義の考え方が広まって、25歳以上の男性に選挙権《せんきょけん》が認められるようになったんだよ。
ゆうきさん　女性には、当時、選挙権が認められていなかったんだね。
ひかるさん　現在は、（　①　）歳以上の国民に選挙権が認められているね。選挙権は、歴史の中で獲得《かくとく》してきた権利なんだ。
ゆうきさん　そんな権利なら大切にしていきたいね。そのためにも、社会のできごとや政治に関心を持っていきたいな。
ひかるさん　じゃあ、災害対策《さいがいたいさく》をテーマにして、社会のことについて考えていこう。

問1　会話文中の（　①　）にあてはまる数を書き、文を完成させましょう。

ゆうきさん　私の家では、災害対策として防災《ぼうさい》バッグを準備しているよ。万が一、大きな地震《じしん》が起きたら、それを持って避難《ひなん》することにしているんだ。
ひかるさん　地震はいつ起こるか分からないから、日頃《ひごろ》の備えが大切だよね。
ゆうきさん　それにしても、日本で地震が多く起こるのは、なぜだろう。
ひかるさん　理由の1つとして、②日本の国土やその周辺に、複数のプレートの境目が集中していることが考えられるね。

問2　会話文中の下線部②について、ゆうきさんは、資料1で示したひかるさんの説明を聞きながら、地図にプレートの境目を表す線を書きました。ひかるさんの説明をもとにしてかいた地図として最も適切なものを、次ページのア～エの中から1つ選び、解答用紙にある文を完成させましょう。

資料1　ひかるさんの説明

日本列島の周辺には、北アメリカプレート、太平洋プレート、フィリピン海プレート、ユーラシアプレートの４つのプレートがあります。東日本は、そのほとんどが北アメリカプレート上に位置しており、西日本は、そのほとんどがユーラシアプレート上にふくまれています。東日本と西日本の境目は、新潟県から長野県、山梨県を通って、静岡県にいたります。ユーラシアプレートは、西日本の太平洋沖でフィリピン海プレートと接しています。千葉県沖は、北アメリカプレートと太平洋プレート、フィリピン海プレートの３つが接する世界でも珍《めずら》しい場所です。

ア

イ

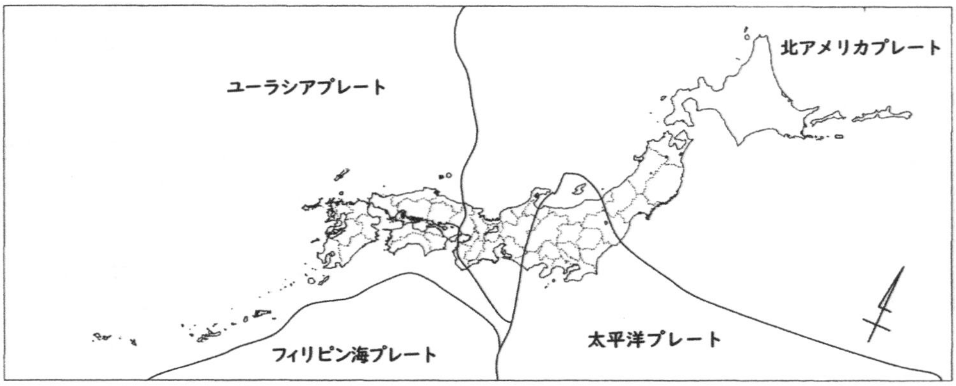

ウ

エ

※問題は次のページにもあります。

ゆうきさん　関東大震災よりも昔に、地震は起こっていたのかな。
ひかるさん　飛鳥《あすか》時代や奈良時代のころから地震の記録が残されているようだね。
ゆうきさん　そういえば社会の授業で、<u>③奈良時代に大仏がつくられたこと</u>を学習したよ。今度、調べたことを紙しばいで発表することになっているんだ。

問３　ゆうきさんたちのクラスでは、会話文中の下線部③について発表することになりました。資料２の場面１の［　　　　　　］にあてはまる言葉を、資料３を見て、「不安」という言葉を使い、30字以上40字以内で書きましょう。

資料２　紙しばい

場面１　奈良時代の様子

ゆうきさんたちが奈良時代の様子の絵を作成中です。

ナレーション

奈良時代に入ってから、

［　　　　　　］

場面２　聖武天皇《しょうむてんのう》の命令

ナレーション

聖武天皇は、仏教の力で国を治めようと考え、大仏をつくる命令を出しました。

場面３　大仏づくり

ナレーション

聖武天皇の命令で大仏づくりが始まりました。行基《ぎょうき》らも協力しました。

場面４　大仏の開眼式《かいげんしき》

ナレーション

開眼式では、外国から招かれた位の高い僧《そう》が、大仏に目を入れました。

「NHK for School」より作成

資料３　聖武天皇が生まれてからのおもなできごと

年	できごと
701	文武天皇《もんむてんのう》の子として生まれる
710	都が平城京に移る
720	九州地方で反乱が起こる
724	即位し、聖武天皇となる
734	大きな地震が起こる
737	このころ、都で病気が広まる
740	貴族の反乱が起こる
741	国分寺を建てる命令を出す
743	大仏をつくる命令を出す
747	大仏づくりが始まる
752	大仏の開眼式が行われる

ゆうきさん　奈良時代の大仏は、聖武天皇の命令でつくられたんだよね。
ひかるさん　そうだね。当時は天皇中心の国づくりを行っていたからね。現在の政治は、私たちの意思を尊重《そんちょう》して、憲法《けんぽう》や法律《ほうりつ》にもとづいて行われているよ。
ゆうきさん　先日、私たちの市でも多くの市民が要望していた防災センターができることになったね。④防災センターがどのような流れで建設されるのか、調べてみよう。

問４　ひかるさんたちは、会話文中の下線部④について調べ、まとめました。資料４を見て、ひかるさんたちのまとめの［　　　］にあてはまる言葉を書き、文を完成させましょう。

資料４　防災センターが建設されるまでの流れ

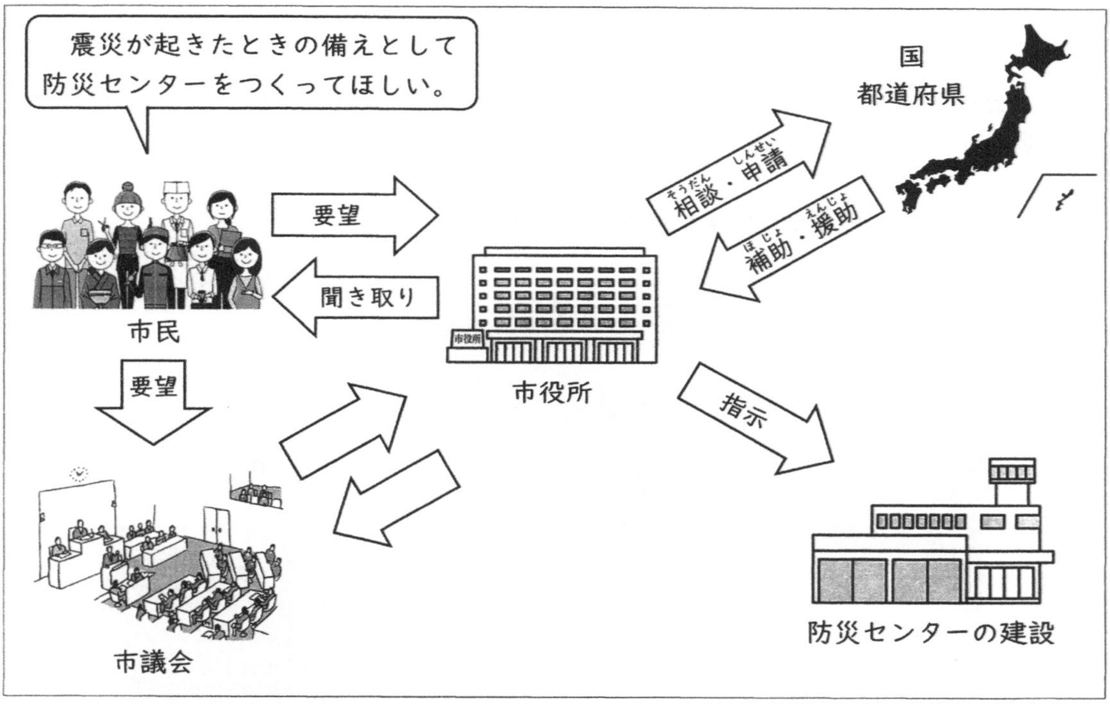

ひかるさんたちのまとめ

私たちの住んでいる市では、多くの市民から、防災センターをつくってほしいという要望が出ていました。そこで、市役所は市民からの聞き取りを行いました。
それを受けて、市役所は国や県に相談や申請をしたり、必要な補助や援助を受けたりしながら建設の計画を立てました。
そして、［　　　　　　　　　　　　　　　　　　　　］
その後、市役所から指示が出て、防災センターの建設が実現しました。

※問題は次のページにもあります。

ひかるさん　防災センターの建設を記念して、博物館では「災害の歴史」という特別《とくべつ》展《てん》が開かれているよ。資料５の熊本豪《ごう》雨《う》で橋が流された写真にはおどろいたな。

ゆうきさん　丈夫《じょうぶ》な橋が流されてしまうなんて、自然の力は本当にこわいね。今後も自然災害はいつどこで起こるか分からないから、もっと頑丈《がんじょう》な橋が必要だね。

ひかるさん　ただ、技術が進化し続けても、自然の力に勝つのは難《むずか》しいと思うよ。そういえば、高知県へ観光に行ったときに渡った沈下橋《ちんかばし》と呼ばれる橋が印象的だったよ。

ゆうきさん　沈下橋って、どんな橋なのかな。

ひかるさん　資料６の観光ボランティアの方の説明が分かりやすかったよ。それに、説明を聞いていくうちに、⑤資料６の橋は、資料５の橋と違う特ちょうを持っていることにも気づいたんだ。

問５　会話文中の下線部⑤について、資料６の橋には、どのような特ちょうがあるか、資料５の橋とくらべて書きましょう。

資料５　熊本豪雨で橋が流された写真

「日経クロステック」より

資料６　観光ボランティアの方の説明

「たびこふれ」より

「たびこふれ」より

左の写真をご覧《らん》ください。これは通常時の沈下橋の様子です。一方で右の写真は、川が増水したときの沈下橋の様子です。沈下橋は潜水橋《せんすいばし》とも呼ばれていて、写真のように、増水時には川にしずんでしまいます。自然を押さえつけるのではなく、あるがままの自然を受け入れ、折り合って生きていこうとするこの地域の人々の生活様式を象ちょうしています。

観光ボランティアの方

※問題は次のページにもあります。

3　次の文章を読み、あとの問一～問四に答えましょう。

（葵《あおい》は少しどじな小学生である。二学期に転校してきた優等生《ゆうとうせい》の萌《もえ》ちゃんにあこがれていたが、半年後、今度は自分が父の転勤の都合で転校することになった。）

新しい学校では、ちゃんとやろう。忘《わす》れ物もしないし、勉強だって頑張《がんば》る。もちろん①掃除《そうじ》中には歌わない。そして萌ちゃんみたいなヒロインキャラになるんだ。

葵には自信があった。なにしろこの半年間、萌ちゃんのことをじっくり観察していたのだ。笑い方や話し方を。それだけじゃない。給食を食べるときは、必ずスープから飲むのも知っているし、発表するときは、左耳に髪《かみ》をかけることにも気がついている。

あんな風にやれば、正真正銘《しょうしんしょうめい》のヒロインになれるに違《ちが》いない。

あたらしい私になるんだ。

葵は先生に並《なら》んで教壇《きょうだん》に立った。知らない人の視線《しせん》が集まってみぞおちのあたりがきゅっと固くなった。のど元にどきどきがせりあがってきて、みんなの顔がぼんやり見えた。

「すずかけ小学校から来た、松岡《まつおか》葵です」

けれども葵はおしとやかな笑顔《えがお》を作って言った。鏡の前で何度も練習したように、うっすらと目を細めて口のはしを少しあげた。

周りに座《すわ》っている人たちがちらちらと自分を見ているのがわかった。転校生がどんな子なのか気にしているのだ。葵はすっと背筋《せすじ》を伸《の》ばした。

優等生らしくしなくっちゃ。

休み時間になると、萌ちゃんがそうされていたように葵の周りにも人が集まってきた。いくつか質問をされたので、葵はその間ずっと微笑《ほほえ》んだまま、萌ちゃんみたいなきれいな言葉遣《づか》いで答えた。なんだか自分が本当に萌ちゃんになったみたいな気分だった。

三日がたった。葵はますます頑張っていた。②常に萌ちゃんを思い浮《う》かべて、つとめておしとやかにふるまった。授業中は自分からは発表をしなかったが、数度当てられたときは、右か左か確かめてから耳に髪をかきあげたし、給食のときは、まずスープ。間違えそうになったときはやり直した。特に気をつけたのは掃除のときだ。つい癖《くせ》で何度も歌をうたいそうになってしまうのを必死で抑《おさ》えた。

あたらしい私、あたらしい私。

おかげで前みたいに笑われることはなかったけれど、ひとつ困《こま》ったこともあった。萌ちゃんのことばかり考えているせいか、肝心《かんじん》のクラスメートの顔と名前が、なかなか覚えられないのだ。それればかりか、教室全体がまるでフィルターでもかかっているみたいに白っぽく見える。

そんなふうにして一週間がたった。

「疲《つか》れない？」

そう声をかけられたのは、中休みだ。顔を上げると隣《となり》の席の七海《ななみ》ちゃんと目が合った。席が隣同士《どうし》とはいえあまり話したことがなかった。七海ちゃんは口数が少ない。

葵はあわてて背筋を伸ばした。

「え？」

話しかけられたことは意外だったけれど、それ以上に質問の内容に驚《おどろ》いてしまった。なぜそんなことをきかれたのか考える前に、するりと返事が飛び出した。

「疲れる。すごく」

ぽかんとした顔で言うと、七海ちゃんはやっぱりね、と言うように肩《かた》をすくめた。

「転校を機に変わろうとしているからよ。無理してるから、ちょっと変」

③図星をつかれて、葵は目を丸くした。

「どこが変？」

「発表するときとか、給食のときとかプチパニックになってる。一番ひどいのは掃除のとき。手足の動きがばらばらだよ」

「あんなに気をつけてたのに」

絶望的に言った葵に、七海ちゃんは声をひそめた。

「もしかして誰《だれ》かの真似《まね》をしてない？」

「どうしてわかるの？」

まん丸にした目でたずねた葵に、七海ちゃんは顔をゆるめた。やわらかな笑顔だった。

「私もそうだったから。半年前転校してきたとき変わろうと思ったの。前の学校では無口なせいであんまり友達がいなかったからね。それで人気者だった活発な子を真似して笑ったりしゃべったりしてたら、舌《した》をかんで大きな口内炎《こうないえん》ができた。無理はするもんじゃないって思った」

「はあ～」

葵は伸ばしていた背筋を椅子《いす》の背もたれに投げ出した。シュルシュルとなにかが体から抜《ぬ》けていく。きっと萌ちゃんのイメージだ。体の中いっぱいにふくらませていた萌ちゃんが、音をたてて出ていったのだ。

「大丈夫《だいじょうぶ》、まだ誰も気がついてないから」

七海ちゃんはいたずらっぽく笑った。その言葉にあたりを見回した葵には、④はじめて教室の中がはっきりと見えた気がした。

（『あたらしい私』まはら三桃《みと》　著《ちょ》
「飛ぶ教室　第56号」所収　光村図書出版より　一部省略がある。）

※問題は次のページにもあります。

問一　――線①「葵には自信があった。」とありますが、葵にはどのような自信があったのですか。次の文の空らんにあてはまるように、本文中から一〇字でぬき出しましょう。

［　　　　］自信がありました。

問二　――線②「常に萌ちゃんを思い浮かべて、つとめておしとやかにふるまった。」とありますが、葵の「おしとやかなふるまい」を次の表にまとめました。表の中にある空らん［ア］と空らん［イ］にあてはまる言葉を、それぞれ一〇字以内で書きましょう。

表

発表するとき	［　ア　］こと。
給食のとき	［　イ　］こと。
掃除のとき	

問三　――線③「図星をつかれて、葵は目を丸くした。」とありますが、これは葵のどのようなようすを表した言葉ですか。次の文の空らんにあてはまるように、二五字以上三五字以内で書きましょう。

葵が、七海に［　　　　　　　　］ようすを表しています。

問四　――線④「はじめて教室の中がはっきり見えた気がした。」とありますが、葵がこのように感じたのはなぜですか。次の文の空らんにあてはまるように、三五字以上四五字以内で書きましょう。

七海の言葉を聞いて［　　　　　　　　］からです。

※問題は次のページにもあります。

4 あなたの心に特に残っている出来事にはどのようなものがありますか。なぜ心に残っているかを明らかにして、自分の気持ちや考えにふれながら、出来事を一つ具体的に取り上げて書きましょう。書くときは、次の（注意）にしたがいましょう。

（注意）

○　作文は一〇行以上一二行以内で書きましょう。

○　原稿《げんこう》用紙の正しい使い方にしたがって、文字、仮名づかいも正確に書きましょう。

○　氏名は書かないで、一行目から本文を書きましょう。

※以上で問題は終わりです。

問い２の１回目を放送します。

Yuki: Mike, what do you want to buy for the barbecue?

Mike: I want to buy beef and some sausages.

Yuki: OK.　And we need some vegetables, too.

Mike: Oh, I see.　Well, how about onions and corn?

Yuki: OK.　Good idea.

（３秒後）

問い２の２回目を放送します。

（繰り返し）

（３秒後）

続いて問い３を行います。
問い３、マイクさんはレジで会計をしています。店員とマイクさんの会話を聞いて、レジで支払う金額についてあてはまる数字を書き、文を完成させましょう。それでは始めます。

（３秒後）

問い３の１回目を放送します。

Clerk: Hi, how are you?

Mike: I’ m good, thanks.　How much is it all?

Clerk: It is 1000 yen, please.

Mike: Oh, wait!　I have a coupon.　Here!

Clerk: I see.　You can use this 10% off coupon.

Mike: OK. Then, we can get 100 yen off, right?

Clerk: Yes.

Mike: Here you are.

Clerk: Thank you.

（３秒後）

問い３の２回目を放送します。

（繰り返し）

（３秒後）

以上で、放送による問題を終わりにします。

令和５年度　入学者選考問題

作　文　Ⅱ

受験番号	

（注意）

○　受験番号を、問題用紙（１か所）と解答用紙（４か所）に書きましょう。

○　問題用紙は、全部で８ページあります。

○　時間は、50分間です。

○　問題用紙の空いている場所は、メモや計算などに使用してもかまいません。

※問題は次のページから始まります。

１　ゆうきさんとひかるさんの会話を読んで、あとの問いに答えましょう。

ゆうきさん　Ａさん、Ｂさん、Ｃさんの中から、競歩大会の代表選手を１人決めようと思っているよ。

記録

	歩いた道のり	タイム（かかった時間）
Ａさん	１０００ｍ	１５分３０秒
Ｂさん	１５００ｍ	１８分４５秒
Ｃさん	２５００ｍ	４０分００秒

ひかるさん　でも、この記録を見ると、３人の歩いた道のりもそのときのタイムもばらばらだから、比べにくいね。

ゆうきさん　それじゃあ、歩く速さを求めてみたらいいんじゃないかな。分速を求めてみよう。

ひかるさん　そうだね。他にこんな方法でも比べられると思うよ。

ひかるさんの考え

Ａさん	Ｂさん	Ｃさん
15.5÷1000=0.0155	18.75÷1500=0.0125	40÷2500=0.016

ひかるさん　この方法で考えたら、Ｂさんが一番速いとわかるよ。

問１　Ａさんの歩く速さは分速何ｍですか。答えは四捨五入して、$\frac{1}{10}$ の位までのがい数で表しましょう。

問２　先生は、ゆうきさんとひかるさんの考え方のちがいを次のようにまとめました。
［　①　］、［　②　］にあてはまる言葉を書き、説明を完成させましょう。

ゆうきさんとひかるさんの考え方のちがい

ゆうきさんは３人の分速を求めて考えました。
分速とは［　　①　　］で表した速さのことですね。
一方、ひかるさんは、時間を道のりでわりました。
これは、３人それぞれの［　　②　　］を求めて考えたのですね。

ゆうきさん　歩いた道のりや、かかった時間がちがうと、比べにくいことがあるんだね。

ひかるさん　そうだね。いろいろな移動手段について、移動した道のりや、移動した時間、速さを表にまとめてみたよ。

表

移動した時間（分）		0	5	10	15	20	25	30
移動した道のり（ｍ）	徒歩（分速　６０ｍ）	0	300	600	900	1200	1500	1800
	ランニング（分速１２０ｍ）	0	600	1200	1800	2400	3000	3600
	自転車（分速１８０ｍ）	0	900	1800	2700	3600	4500	5400

ゆうきさん　この表を見ると、比例している量の関係がみつかるね。

ひかるさん　比例だけじゃなく、反比例している量の関係もみつかるよ。

問３　上の表をもとに考えると、ランニングで７５０ｍ走るのにかかる時間は、何分何秒だと考えられるか書きましょう。

問４　上の表の３つの移動手段において、移動した道のりが１８００ｍである部分をもとに、反比例とはどのような関係か数値を使って説明しましょう。

※問題は次のページにもあります。

2　ゆうきさんとひかるさんの会話文を読んで、あとの問いに答えましょう。

ひかるさん　この前、空のようすを写真にとったよ。
ゆうきさん　この写真をとった日の天気は雲があるからくもりかな。
ひかるさん　どうだろう。くもりの定義は［　　①　　］だと学習したよね。でも、写真だけで晴れかくもりかを判断するのは難しいね。
ゆうきさん　他にも、晴れの日とくもりの日にはちがいがあるかな。
ひかるさん　たしか、②天気によって気温の変化に特ちょうがあったよね。

写真

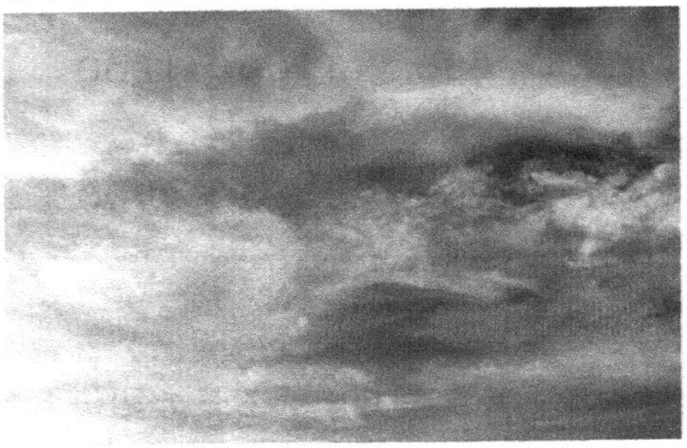

「ラジチューブ」より

問１　会話文中の［　　①　　］にあてはまるひかるさんの説明を書きましょう。

問２　会話文中の下線部②について、次のグラフ ア、イは同じ場所ではかった異《こと》なる季節の別の日の気温を記録したものです。これらのうち、１日が晴れ、もう１日がくもりでした。晴れだと考えられるのはアとイのどちらか、記号で書きましょう。また、そのように考えられる理由を、晴れの日とくもりの日の１日における気温の変化の特ちょうに着目して書きましょう。

グラフ

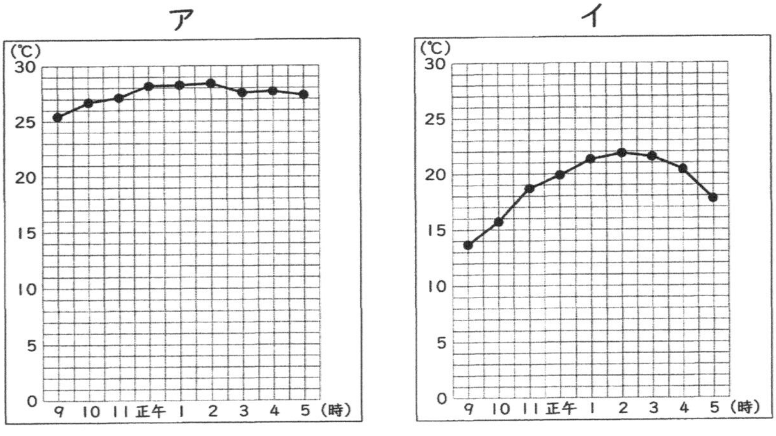

受験番号	

2

問1	現在は、________歳以上の国民に選挙権が認められているね。
問2	日本付近のプレートを正しく表している地図は、______です。
問3	奈良時代に入ってから、 30 40
問4	
問5	

4

10行

受験番号

受験番号	

2

<table>
<tr><td>問1</td><td colspan="2">くもりの定義は

＿＿＿＿＿＿＿＿＿＿＿＿＿＿＿＿＿＿＿＿＿＿＿＿

だと学習したよね。</td></tr>
<tr><td rowspan="2">問2</td><td>記号</td><td></td></tr>
<tr><td colspan="2">理由</td></tr>
</table>

令和５年度　入学者選考問題　　作文Ⅱ

【解答用紙】 ２枚目

受験番号	

3

問１		
問２	Bの重さは＿＿＿＿＿＿gです。	
問３	道具の名前	
	理由	

受験番号	

4

問１	＿＿＿＿分＿＿＿＿秒かかります。
問２	＿＿＿＿度、＿＿＿＿cm、＿＿＿＿回
問３	正＿＿＿＿角形です。
	理由

令和５年度　入学者選考問題　　作文Ⅱ

【解答用紙】　１枚目

※50点満点
（配点非公表）

受験番号	

1

問１	Aさんの歩く速さは分速＿＿＿＿＿＿mです。	
問２	①	分速とは ＿＿＿＿＿＿＿＿＿＿＿＿＿＿＿＿ で表した速さのことですね。
	②	これは、３人それぞれの ＿＿＿＿＿＿＿＿＿＿＿＿＿＿＿＿ を求めて考えたのですね。
問３	＿＿＿＿＿＿分＿＿＿＿＿＿秒かかると考えられます。	
問４		

令和5年度　入学者選考問題　作文Ⅰ

【解答用紙】　2枚目

受験番号

3

問一

自信がありました。

問二

ア　こと。

イ　こと。

問三

葵が、七海に

ようすを表しています。

問四

七海の言葉を聞いて

からです。

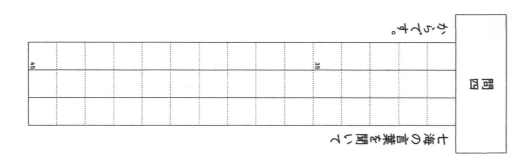

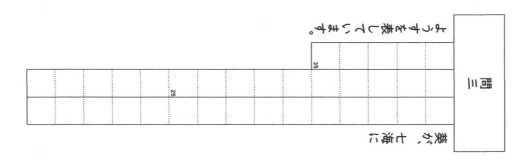

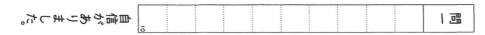

令和５年度　入学者選考問題　　作文Ⅰ

※50点満点
（配点非公表）

【解答用紙】 I枚目

受験番号	

1

問 I	スーパーマーケットでは、＿＿＿＿＿＿＿＿産のぶた肉や ＿＿＿＿＿＿＿＿産のとり肉が売られています。
問２	2人は、＿＿＿＿＿＿＿＿、＿＿＿＿＿＿＿＿、 ＿＿＿＿＿＿＿＿、＿＿＿＿＿＿＿＿を買おうとしています。
問３	買う物の合計金額は、＿＿＿＿＿＿＿円ですが、 クーポン（割引券《わりびきけん》）で＿＿＿＿＿＿＿＿円分引かれたので、 残りの＿＿＿＿＿＿＿円を支《し》払《はら》います。

※問題は次のページにもあります。

3 ゆうきさんとひかるさんの会話を読んで、あとの問いに答えましょう。

ゆうきさん　弟の誕生《たんじょう》日《び》にモビールを作ろうと思っているんだ。
ひかるさん　モビールって何？
ゆうきさん　絵のようなかざりだよ。棒《ぼう》のはしに結んだ糸にかざりがぶら下がっているんだよ。
ひかるさん　いろいろなものがぶら下がっているけれど、棒が水平になっているね。どういうときに水平につり合うのかな。
ゆうきさん　じゃあ、一緒《いっしょ》に調べてみよう。

絵

ゆうきさんとひかるさんは、図の実験用てこを使って、次の実験を行いました。

実験

【課題】　実験用てこが水平につり合うときには、どのようなきまりがあるのだろうか。

【計画】　（１）左のうでの支点から３０cmのところに１０gのおもりをつるす。
（２）右のうでにおもりをつるして、水平につり合うときの支点からおもりまでのきょりとおもりの重さを調べる。
（３）左のうでにつるすおもりの重さを２０gに変えて、（２）のようにして調べる。

図

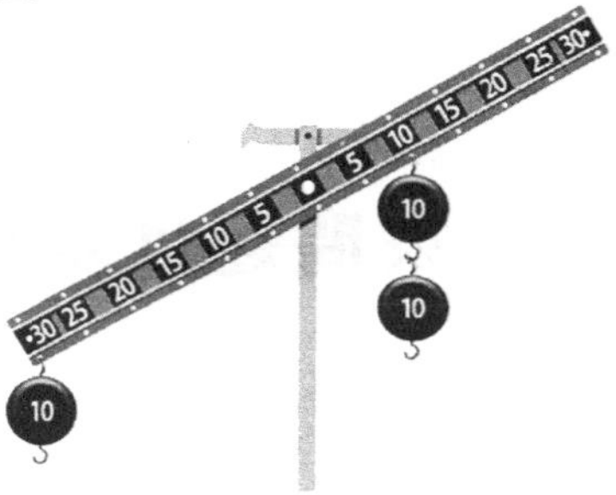

【結果】

	左のうで	右のうで				
支点からのきょり（cm）	３０	３０	１５	１０	５	
おもりの重さ（g）	１０	１０	２０	３０	６０	

	左のうで	右のうで				
支点からのきょり（cm）	３０	３０	２０	１５	１０	５
おもりの重さ（g）	２０	２０	３０	４０	６０	１２０

問１　実験の【結果】から、てこが水平につり合うとき、どのようなきまりがあるといえるか、「きょり」と「重さ」という言葉を使って書きましょう。

ゆうきさん　弟は恐竜《きょうりゅう》が好きだから、恐竜の模型《もけい》を使って、大きなモビールを作りたいんだよね。
ひかるさん　模型はいろいろな重さがあるけれど、作れるかな。
ゆうきさん　模型をつるす位置を調節すれば、つり合って水平を保てるはずだよ。設計図をつくってみよう！

問２　次のゆうきさんの設計図について、全てのてこが水平につり合うときのＢの重さは何ｇになるか書きましょう。ただし、てこやひもの重さは考えないものとします。

ゆうきさんの設計図

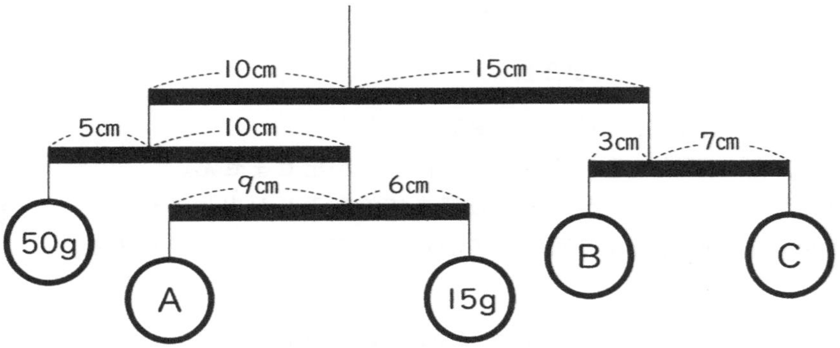

ゆうきさん　モビールが、つり合ったりつり合わなかったりするのは、てこのはたらきが関係しているんだね。
ひかるさん　うん。てこの原理は身近なところで、さまざまな道具に使われているね。

問３　会話文中の下線部について、次の３つの道具のうち、加える力の大きさより作用する力の大きさが小さくなるものはどれか道具の名前を書きましょう。また、そのように考えられる理由を「きょり」という言葉を使って書きましょう。

ペンチ

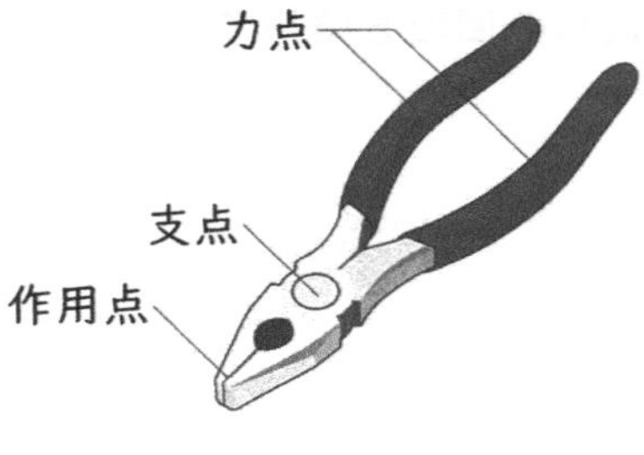

ピンセット

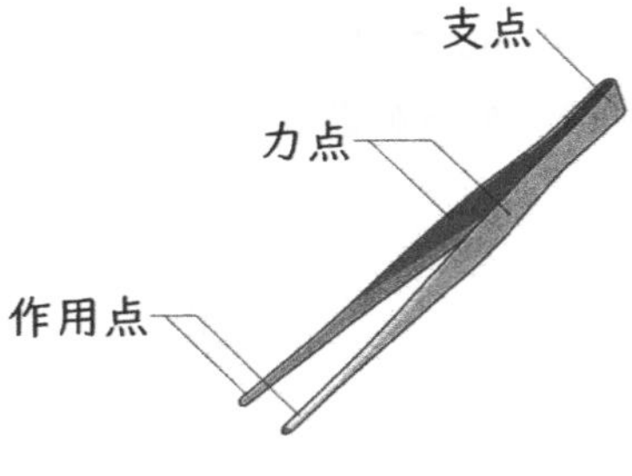

くぎぬき（バール）

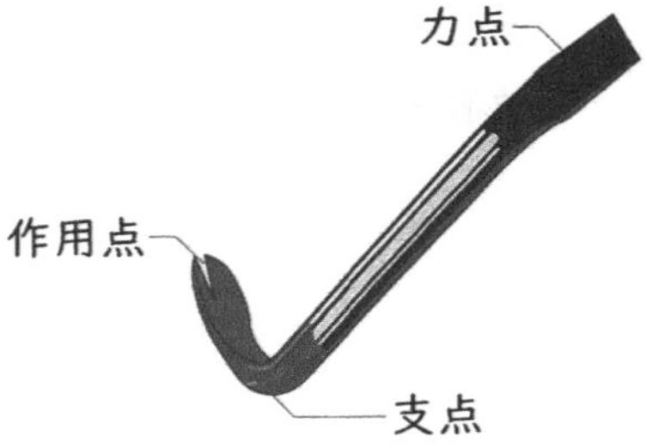

※問題は次のページにもあります。

4　ゆうきさんとひかるさんは、ゆうきさんのロボットを動かして遊んでいます。２人の会話を読んで、あとの問いに答えましょう。

ゆうきさん　この円形ロボットの中心にはペンがついていて、ロボットが進んだあとに線が残るんだよ。

ひかるさん　ロボットに指示はどうやって出すの？

ゆうきさん　ロボットに「９０度、１０cm、１回」と指示すると、真上から見て時計回りに９０度回転してから、１０cm直進するよ。

ひかるさん　なるほど。１回でなくてもいいの？

ゆうきさん　大丈夫だよ。「９０度、１０cm、４回」と指示を出すと、ロボットは１辺が１０cmの正方形をかくように動くんだ。

ロボットの取りあつかい説明書

[1]「□度、△cm、○回」で１つの指示とします。
[2] 角度、距離《きょり》、回数はそれぞれ整数の指示しか出せません。
[3] 角度については、０度から１８０度までの指示しか出せません。
[4] 真上から見て時計回りに回転してから、矢印の方向に直進します。

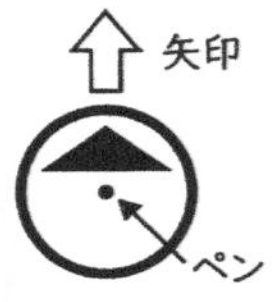

真上から見たときのロボットが正方形をかく動き

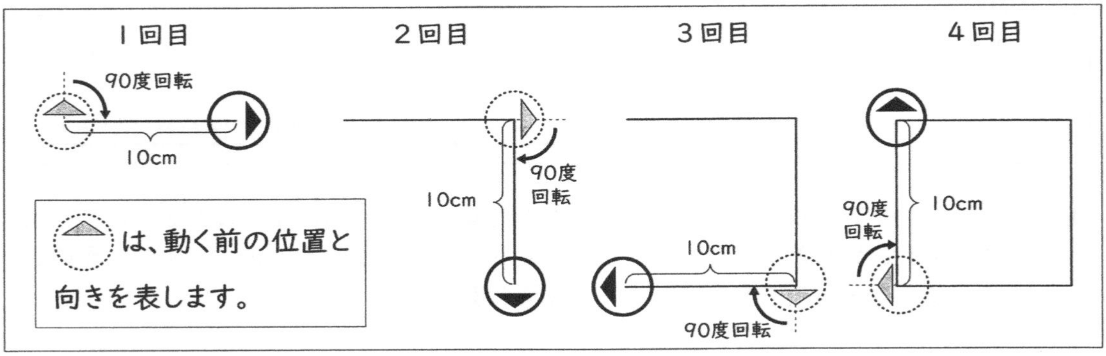

問１　ロボットが１５度回転するのに１秒間かかり、２cm進むのに３秒間かかるとします。ロボットが、１辺が１０cmの正方形をかくとき、最初の回転を始めてから元の位置までもどるのに何分何秒かかるか書きましょう。

ひかるさん　正三角形をかくには、ロボットに「６０度、１０cm、３回」と指示を出せばいいのかな？
ゆうきさん　いや、それだと正三角形をかくことはできないんだよ。ロボットの取りあつかい説明書に書いてあることを意識してね。

問２　１つの指示だけで、ロボットに１辺が１０cmの正三角形をかき終えるように動かすためには、何と指示を出せばよいか書きましょう。

ひかるさん　正方形も正三角形も１つの指示だけでかくことができるんだね。
ゆうきさん　ほかの正多角形も１つの指示だけでかくことができそうだね。
ひかるさん　じゃあ、正五角形から正八角形までの図形をかいてみようか。

問３　ひかるさんとゆうきさんは、ロボットを使って１つの指示だけで１辺が１０cmの正五角形から正八角形までの図形をそれぞれかこうとしましたが、１つだけかけない正多角形がありました。その図形は正何角形か答えましょう。また、かけない理由について説明しましょう。

※以上で問題は終わりです。

作文Ⅰ　大問１　＜英語：リスニング問題＞　　※音声は収録しておりません

これから、放送による問題を始めます。　問題は、問題用紙の１ページにあります。
（３秒後）

問題は、問い１から問い３まであります。英語はすべて２回ずつ放送されます。
問題用紙にメモを取ってもかまいません。答えはすべて解答用紙に記入しましょう。
（３秒後）

はじめに問い１を行います。

問い１、マイクさんとゆうきさんが、スーパーマーケットで食材を見ながら話をしています。２人の会話を聞いて、スーパーマーケットで売っている食材の産地についてあてはまる国を書き、文を完成させましょう。
それでは始めます。
（３秒後）

問い１の１回目を放送します。

Yuki: We can get a lot of food from this supermarket.

Mike: Oh, this pork is from Canada.　I like pork very much.

Yuki: Me too.　Oh, this beef is from Australia.　And this chicken is from Brazil.

Mike: Food in the supermarket comes from many countries!

（３秒後）

問い１の２回目を放送します。

（繰り返し）

（３秒後）

続いて問い２を行います。
問い２、マイクさんとゆうきさんが、バーベキューの食材について話をしています。２人の会話を聞いて、スーパーマーケットで２人が買おうとしている食材を４つ書き、文を完成させましょう。それでは始めます。

（３秒後）

伊奈学園中学校

令和４年度　入学者選考問題

作　文　Ⅰ

受験番号	

（注意）

○ 受験番号を、問題用紙（１か所）と解答用紙（４か所）に書きましょう。

○ 問題用紙は、全部で13ページあります。

○ 時間は、50分間です。

○ 問題用紙の空いている場所は、メモや計算などに使用してもかまいません。

1 これから放送される英語を聞いて、あとの問いに答えましょう。

※音声は収録しておりません

＊　問題は、問１～問３まであります。
＊　英語はすべて２回ずつ放送されます。
＊　問題用紙にメモを取ってもかまいません。
＊　答えはすべて解答用紙に記入しましょう。

問１　ALT のジェフ先生が、外国語の時間に海外の学校について話をしています。ジェフ先生の話を聞いて、シンガポールの学校がはじまる月を数字で書き、文を完成させましょう。

問２　ジェフ先生は、現在地から近くのスーパーマーケットまでの道のりをゆうきさんに聞いています。ゆうきさんが教えてくれた道のりを、解答用紙の地図に線で書き入れましょう。

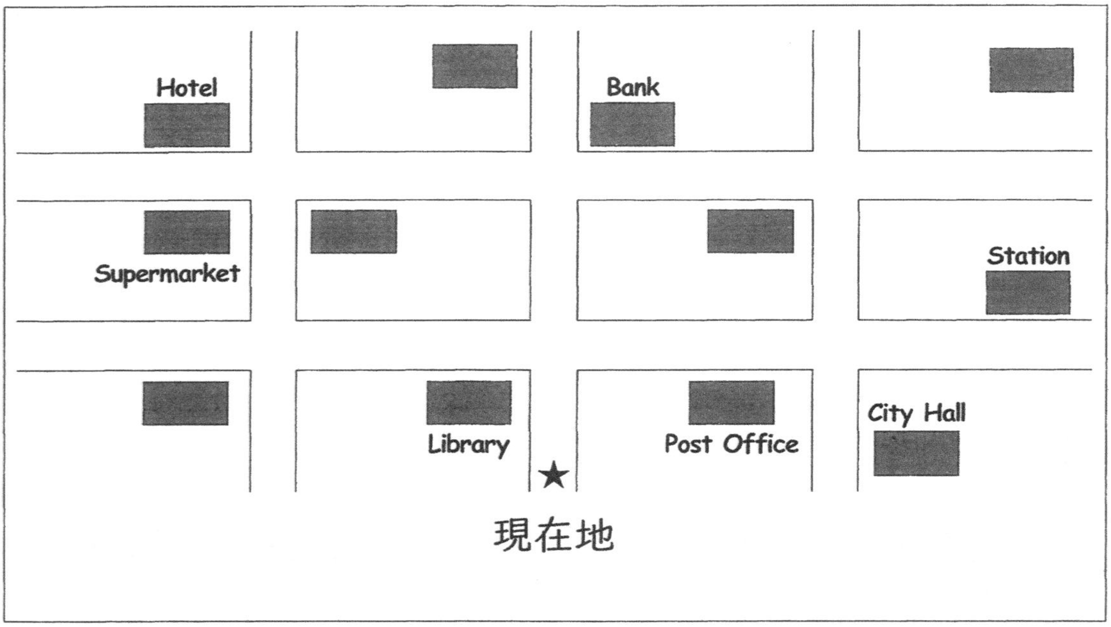

問３　ゆうきさんは、時間割表（timetable）を見ながらジェフ先生と会話をしています。
　２人の会話を聞いて、文を完成させましょう。時間割表のＡには（２）の教科が入ります。

（１）　今日は＿＿＿＿＿＿曜日です。

（２）　火曜日の１時間目の教科は＿＿＿＿＿＿＿です。

（３）　今週の体育の授業では＿＿＿＿＿＿＿＿＿＿＿＿＿。

時間割表（timetable）

	月	火	水	木	金
１	国語	Ａ	国語	家庭	算数
２	理科	国語	社会	理科	体育
３	社会	外国語	算数	体育	社会
４	体育	算数	外国語	道徳	音楽
５	算数	図工	理科	国語	総合
６		図工	学活		総合

※問題は次のページにもあります。

2 次の会話を読んで、あとの問いに答えましょう。

ひかるさん　ゆうきさんは、どんな職業に興味があるのかな？
ゆうきさん　わたしは、お寿司《すし》が好きだから漁業に興味があるよ。
ひかるさん　そうなんだ。社会の授業で学習したけど、漁業は縄文《じょうもん》時代から行われていたんだよね。
ゆうきさん　そうそう。縄文時代の人々は、資料１のＡのような（　①　）と呼ばれる家に住み、狩りや漁、採集によって食料を手に入れていたようだね。
ひかるさん　資料１のＢに見られる、縄文時代の人々が食べ物の残りかすを捨《す》てていた場所の遺跡《いせき》は、貝塚《かいづか》と呼ばれているよ。
ゆうきさん　資料２は貝塚の分布を表している地図だね。資料３を見ると、貝塚からはさまざまなものが見つかっていることが分かるね。わたしの好きな魚のたいも、縄文時代から食べられていたんだね。
ひかるさん　②貝塚の分布と、貝塚から見つかったものから、当時の海岸線がどのあたりだったか考えられるみたいだよ。
ゆうきさん　へえ。食べ物の残りかすや、貝塚の分布から、縄文時代のことがわかるなんてすごいね！

問１　会話文中の（　①　）にあてはまる縄文時代の人々が住んでいた家のことを何といいますか。（　①　）にあてはまる言葉を書き、文を完成させましょう。

資料１

問２　会話文中の下線部②について、資料２は関東地方の一部における縄文時代前期（約6000 ～ 5000年前）の貝塚の分布を示したものです。また、資料３は貝塚から出土したものの説明です。

資料２と資料３をもとにして考えると、縄文時代前期（約6000 ～ 5000年前）の海岸線は、次のア～ウのどれだと考えられますか、記号で書きましょう。また、そのように判断した理由も書きましょう。

資料２　**縄文時代前期（約6000 ～ 5000年前）の貝塚の分布**

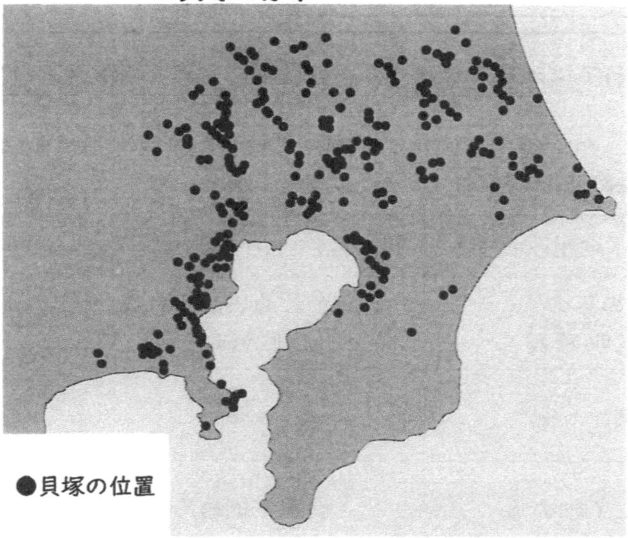

「地理学評論《ひょうろん》」より作成

資料３　**貝塚から出土したもの**

関東地方の多くの貝塚からは、しじみ・はまぐり・かき・あさり・あわびの貝がらなどが見つかっています。また、魚では、たい・いわし・はぜ・ぼら・すずきなどの骨の一部が見つかっています。

ア

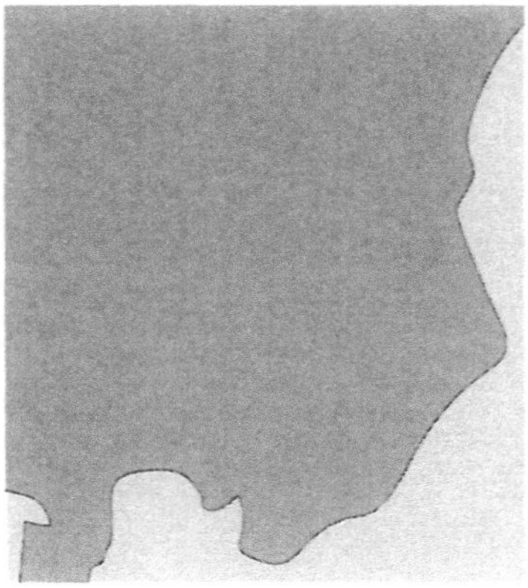

イ

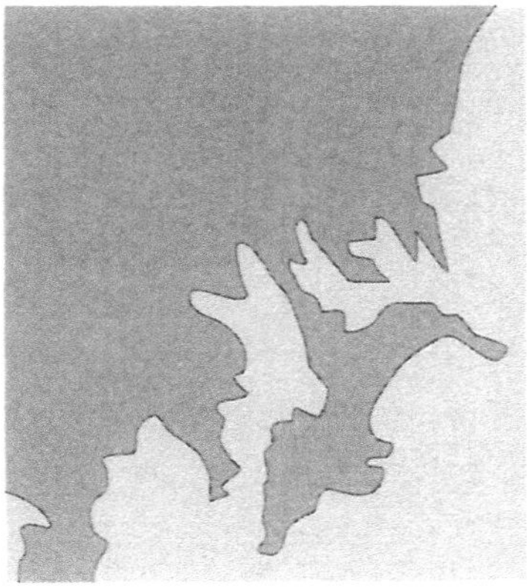

ウ

※問題は次のページにもあります。

ひかるさん　わたしは、毎日食べているお米が好きだから、農業、特に米づくりに興味があるよ。

ゆうきさん　米づくりって弥生《やよい》時代から始まったようだけど、お米は長い間、税として納《おさ》められていたんだよね。

ひかるさん　そうだね。お米で納める税のしくみが大きく変わったのは、明治時代に地《ち》租《そ》改正《かいせい》が行われてからだね。資料４を見ると、そのちがいがよくわかるね。

ゆうきさん　明治政府は、何のために税の集め方を変えたのかな？

ひかるさん　それはね、［　③　］

問３　会話文中の［　③　］にあてはまるひかるさんの説明を、資料４を見て、書きましょう。

資料４　江戸時代と明治時代の税の集め方のちがい

	江戸時代（地租改正前）	明治時代（地租改正以降）
税の基準	その年の 米の収穫高《しゅうかくだか》	あらかじめ決められた 土地の価格
税率	５割～６割	３％
税を納める方法	米などで納める	現金で納める
税の名前	年貢《ねんぐ》	地《ち》租《そ》

ひかるさん　本格的な米の品種改良が始まったのは明治時代のようだけど、人々の多くは白米に麦やいもを混ぜたものを食べていて、今のように多くの人が白米を食べるようになったのは第二次世界大戦の後になってからなんだよ。

ゆうきさん　米づくりはどのように変化していったのかな？

ひかるさん　わたしが見つけた資料５では、④2000年の米づくりの作業時間は1965年と比べると４分の１ぐらいになっているね。どうしてこんなに短くなったのだろう。

問４　会話文中の下線部④について、ゆうきさんは資料６と資料７を見つけました。資料５のように米づくりの作業時間が短くなった理由を、資料６と資料７を見て説明しましょう。

資料５　米づくりの作業時間の変化

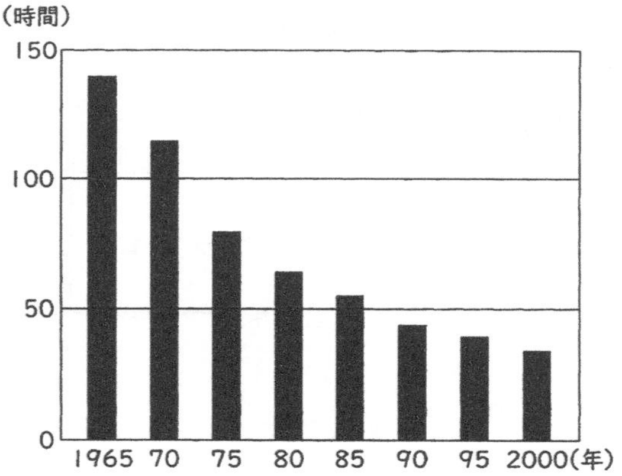

「農林水産省 HP」より作成

資料６　農家100戸当たりの稲作《いなさく》用機械の保有台数

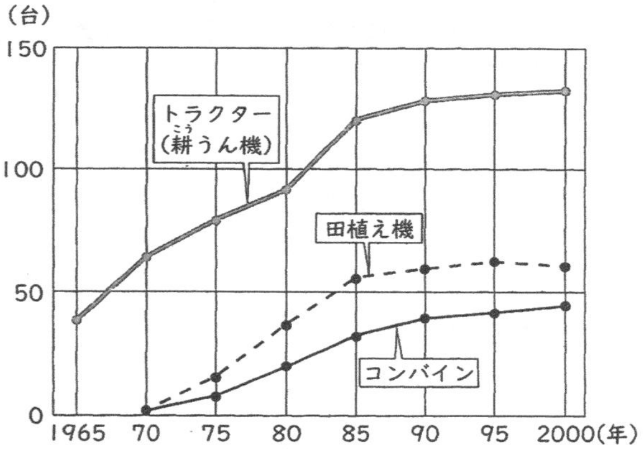

「農林水産省 HP」より作成

資料７　水田の変化

耕地整理前（1960年代）　　耕地整理後（2000年代）

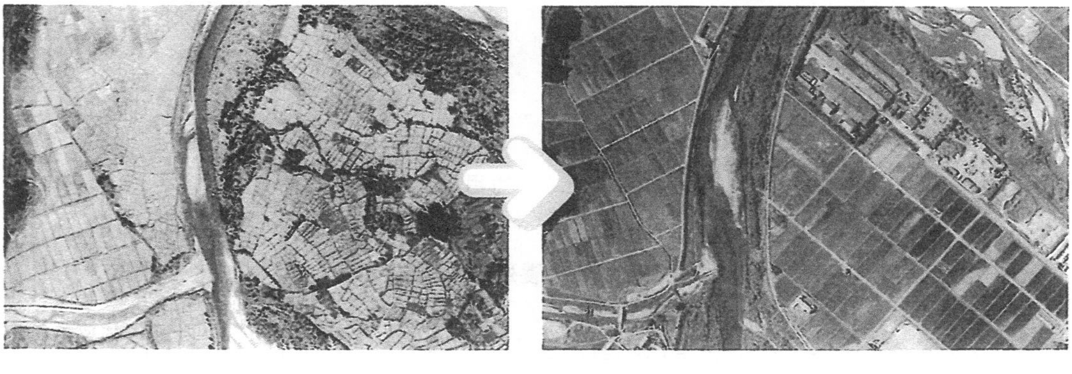

※問題は次のページにもあります。

ゆうきさん	わたしは漁業のことをもう少し調べてみたよ。2015年の国連サミットで設定されたSDGs（持続可能な開発目標）の中には、「海の豊かさを守ろう」という項目があったから、SDGsと漁業についてノートにまとめてみたんだ。
ひかるさん	わたしも漁師さんにインタビューしたことをまとめてみたよ。持続可能な漁業のために、⑤漁業を営む人たちは、未来のことを考えながら日々仕事をしているんだね。

問5　会話文中の下線部⑤について、ゆうきさんはSDGs（持続可能な開発目標）と漁業についてノートにまとめました。また、ひかるさんは富山県で行われている定置網漁《ていちあみりょう》が世界から注目されていることを知り、漁師さんにインタビューしたことをまとめました。２人のまとめを見て、定置網漁が世界から注目されている理由を書きましょう。

ゆうきさんのノート

SDGs（持続可能な開発目標）と漁業　「14 海の豊かさを守ろう」

SDGsの目標14のターゲットの１つには「魚介類などの水産資源《しげん》を、種ごとの特ちょうを考えながら、少なくともその種の全体の数を減らさずに漁ができる最大のレベルにまで、できるだけ早く回復できるようにする。」と定められています。

世界の水産資源の割合

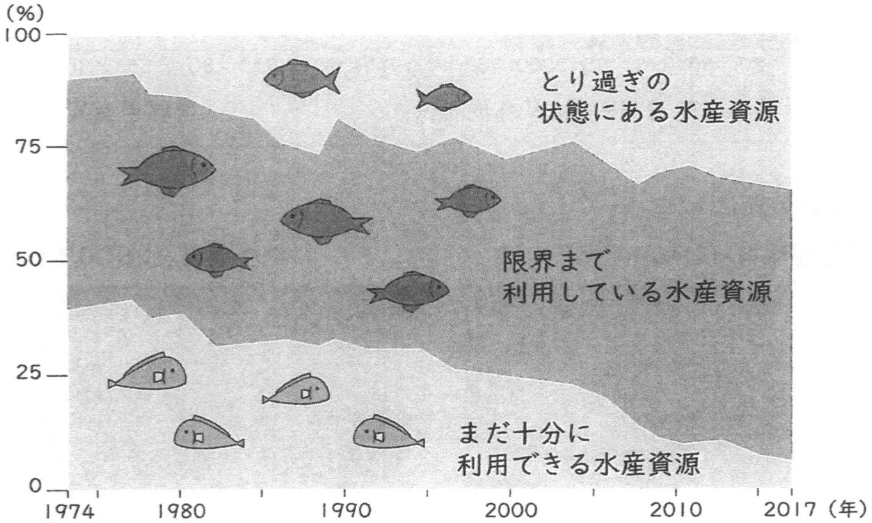

「世界漁業・養殖業白書（2020）」などより作成

◎グラフを見ると、SDGsの目標は本当に達成できるのかと不安になりました。このままでは、わたしの好きなお寿司が食べられなくなるかも！

ひかるさんのインタビューのまとめ

世界的にも注目されている定置網漁を富山県で行っている漁師さんに話を聞きました。

定置網漁

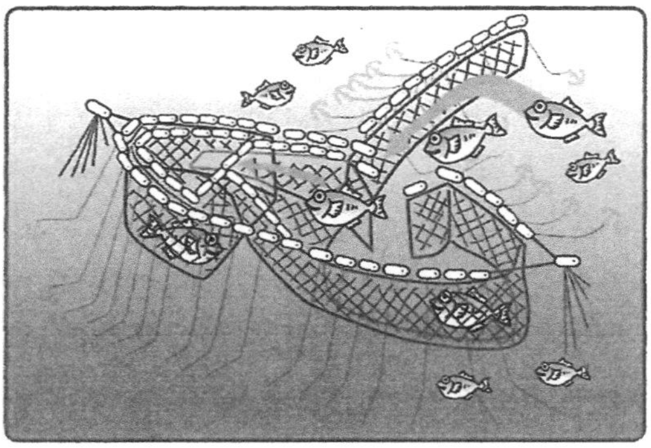

富山漁連 HP より作成

【漁師歴45年　佐藤さん（65歳）】

定置網漁は、一定の場所に網を固定し、網に入った魚を取る方法です。魚はいったん網に入っても出ていくことができる作りになっているので、最終的に捕獲《ほかく》するのは網に入った魚の2～3割程度になります。また、網の目が大きいので、稚魚《ちぎょ》は逃げられるようになっています。魚をとり過ぎない漁法です。

※問題は次のページにもあります。

3 次の文章を読み、あとの問一～問三に答えましょう。

（　中学二年生の「わたし（蓮実《はすみ》）」は、父親の仕事の都合で引っ越しをくり返している。中学三年生に進級する直前にアメリカのボストンへ引っ越《こ》すことになった「わたし」は、クラスメイトで親友の「花音《かのん》」にその報告をする。

　しかし花音は、蓮実と離《はな》ればなれになりたくないことから、蓮実が転校しないようにするため、自分の母親を通して、蓮実の母親に相談する。）

お詫び

著作権上の都合により、文章は掲載しておりません。

ご不便をおかけし、誠に申し訳ございません。

教英出版

お詫び

著作権上の都合により、文章は掲載しておりません。
ご不便をおかけし、誠に申し訳ございません。

教英出版

お詫び
著作権上の都合により、文章は掲載しておりません。
ご不便をおかけし、誠に申し訳ございません。
教英出版

（『金魚たちの放課後』河合二湖《かわいにこ》　著より　一部省略がある。）

問一　――線部①「絶対的な味方」について、次の（１）、（２）の問いに答えましょう。

（１）　蓮実《はすみ》にとっての「絶対的な味方」とは誰ですか。本文中から漢字二字で書き抜きましょう。

（２）　蓮実は「絶対的な味方」についてどのように考えていますか。「つかれはてて」という言葉を使って、次の文の空らんに当てはまるように、二〇字以上三〇字以内で書きましょう。

> 蓮実は「絶対的な味方」とは、その人がいることで［　　　　　　］という気持ちになることのできる存在であると考えています。

問二　――線部②「もうあきるほど長い時間を過ごしてきた学校の光景が、ふっとぼやけた。」とありますが、このとき蓮実はどのようなことに気づきましたか。次の文の空らんに当てはまるように、一〇字以上一五字以内で書きましょう。

> 蓮実の［　　　　　　］ことに気づきました。

問三　――線部③「花音には、明日、自分で伝えよう。」とありますが、蓮実はどのようなことを花音に伝えようと考えていますか。次の文の空らんに当てはまるように、それぞれ一〇字以上一五字以内で書きましょう。

> 花音の［　　　　　　］と思う気持ちを理解したことで、自分はこれまで［　　　　　　］と思っていましたが、花音とは［　　　　　　］関係でいたいと伝えようと考えています。

※問題は次のページにもあります。

4 「(　　　　　)のために自分ができること」というテーマで文章を書くことになりました。次の(注意)にしたがって書きましょう。

(注意)

○ (　　　)に入れる語句は自分で考えて書き入れましょう。

○ 作文は八行以上一〇行以内で書きましょう。

○ 原稿《げんこう》用紙の正しい使い方にしたがって、文字、仮名づかいも正確に書きましょう。

○ 氏名は書かないで、一行目から本文を書きましょう。

※以上で問題は終わりです。

問２の１回目を放送します。

Jeff	:	I want to go to the supermarket. Where is the supermarket?
Yuki	:	OK. We are here on the map. Go straight on this street and turn left at the second corner. From there, go straight again. You can see the hotel on your right, and the supermarket is on your left.
Jeff	:	Thank you.

（３秒後）

問２の２回目を放送します。

（繰り返し）

（３秒後）

続いて問３を行います。問い３では、ゆうきさんは、時間割表(timetable)を見ながらジェフ先生と会話をしています。２人の会話を聞いて、文を完成させましょう。
それでは始めます。
（３秒後）

問３の１回目を放送します。

Yuki	:	This is my timetable. Today, I have Japanese, science, social studies, P.E. and math.
Jeff	:	I see. What is your favorite subject?
Yuki	:	I like music. We have music classes on Tuesday and Friday. What subject do you like?
Jeff	:	I like P.E.　What sports do you do in P.E. class?
Yuki	:	Well, this week, it's soccer.　It is very fun.
Jeff	:	I like soccer very much.

（３秒後）

問３の２回目を放送します。

（繰り返し）

（３秒後）

以上で、放送による問題を終わりにします。

令和４年度　入学者選考問題

作　文　Ⅱ

受験番号	

（注意）

○ 受験番号を、問題用紙（１か所）と解答用紙（４か所）に書きましょう。

○ 問題用紙は、全部で10ページあります。

○ 時間は、50分間です。

○ 問題用紙の空いている場所は、メモや計算などに使用してもかまいません。

1　ゆうきさんとひかるさんの会話を読んで、あとの問いに答えましょう。

ゆうきさん「5年生の教科書を見ていたら、こんなことがのっていたよ。」

> **教科書の説明**
>
> $2 \div 3 = \frac{2}{3}$ のように、わり算の商は、分数で表すことができる。
>
> わる数が分母、わられる数が分子になる。

「もしわる数が 0.1 のように小数だったとしたら、同じように計算できるのかな。」

ひかるさん「$2 \div 0.1 = \frac{2}{0.1}$ と表すのかな。分数の中に小数が入る数はあるのかな。」

ゆうきさん「あるかどうかは調べてみないとわからないね。
でも、式の意味を考えたら、$\frac{2}{0.1}$ がどれくらいの大きさを表した値なのかは、求めることはできるね。」

ひかるさん「同じように考えていくと、この メモ に書いたような分母にも分子にもそれぞれ分数が入っている数も考えられそうだね。」

> **メモ**
>
> $$\frac{\frac{4}{3}}{\frac{5}{2}}$$

ゆうきさん「そうだね。わり算に直すと、$\frac{4}{3} \div \frac{5}{2}$ ということだね。分数どうしのわり算の仕組みを考えることはむずかしそうだな。」

ひかるさん「そうかな。わられる数にわる数の<u>①逆数</u>をかければいいだけだから、簡単《かんたん》だよ。」

ゆうきさん「計算の方法はそう習ったよね。でも、どうしてそんな計算をしたらいいのか、仕組みがまだ理解できないんだよ。」

ひかるさん「なるほど。じゃあ、今までに学習してきたわり算をふり返ってみよう。」

ひかるさん「たとえば、５年生のときに考えた７．５６÷６．３の計算は、
７５．６÷６３や７５６÷６３０に式をおきかえても商が変わらなかったね。②このときに使ったわり算の性質を使えば、こんなふうに計算ができそうだね。」

$$\frac{4}{3} \div \frac{5}{2} =$$

③

$$= \frac{4}{3} \times \frac{2}{5}$$

ゆうきさん「なるほど、だから④ある数を分数でわったときの商は、ある数にわる数の逆数をかけたときの積と等しくなるんだね。」

問１　会話文中の $\frac{2}{0.1}$ の値を、整数で表しましょう。

問２　下線部①逆数とありますが、逆数とはどのような数のことか、「積」という言葉を使って説明しましょう。また、２の逆数の値を答えましょう。

問３　下線部②のわり算の性質を書きましょう。

問４　下線部④となることがわかるように、［　③　］に入る計算の過程を書きましょう。

※問題は次のページにもあります。

2　ゆうきさんとひかるさんは持久走をしました。２人の会話を読んで、あとの問いに答えましょう。

ゆうきさん「持久走をしたときって、いつもより心臓《しんぞう》が速く動くよね。」
ひかるさん「どれくらいの速さで心臓は動いているのかな。」
ゆうきさん「心臓が動いた回数は①手首に指をあてると数えることができるね。」
ひかるさん「②じゃあ実際に数えてみよう。」
ゆうきさん「そういえば、１回の心臓の動きで７０mLの血液が心臓から送り出されるらしいよ。」
ひかるさん「③運動すると心臓が速く動くのはどうしてかな。」
ゆうきさん「それは、肺《はい》で［　　　④　　　］だよ。」

問１　下線部①とありますが、手首に指をあてて感じることができる、心臓の動きが血管に伝わったもののことを何というか書きましょう。

問２　下線部②とありますが、ひかるさんが数えてみたところ１５秒間で３５回でした。このとき、５分間あたりで何Lの血液が心臓から送り出されることになるか書きましょう。

問３　下の図は全身をつなぐ血管のようすを表したものです。アとイの部分を比べると、酸素を多くふくむ血液が流れているのはどちらですか、記号で書きましょう。また、そう考える理由も書きましょう。ただし、図の矢印は血液の流れる方向を表しています。

図

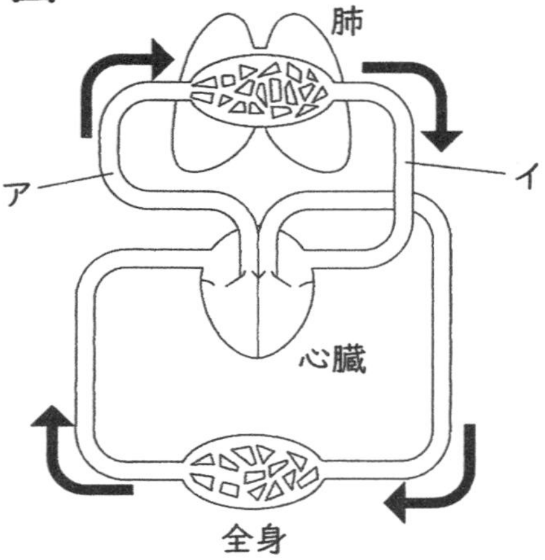

問４　下線部③とありますが、ひかるさんの疑問の答えとなるような説明を［　④　］に書きましょう。

3　ゆうきさんとひかるさんは、バーベキューをしました。２人の会話を読んで、あとの問いに答えましょう。

ゆうきさん「まきに火をつけるのが、なかなかうまくいかなかったね。」
ひかるさん「①まきの置き方が悪かったのかな。いろいろ工夫してみよう。」
ゆうきさん「片付けのときに、まきの火を消すには、水をかければいいのかな。」
ひかるさん「それはあぶないよ。火消しつぼに火のついたまきを入れてふたをすると、安全に火を消すことができるよ。」
ゆうきさん「どうして火消しつぼに入れると、まきの火を消すことができるのかな。」
ひかるさん「学校にもどったら、実験をして確かめてみよう。」

火消しつぼ

問１　下線部①とありますが、２人は下の図のようにまきを置いたところ、うまく火をつけることができませんでした。火がつきやすくなるようなまきの置き方を説明しましょう。また、その理由もあわせて書きましょう。

図

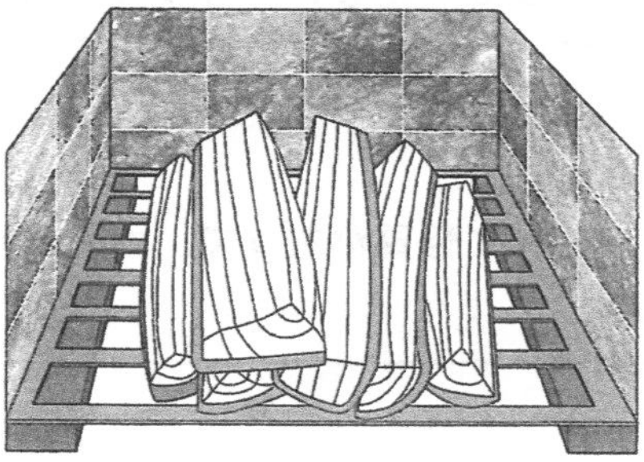

※問題は次のページにもあります。

ゆうきさんとひかるさんは、学校にもどってきて、火消しつぼの中で起こったことについて調べる実験を行いました。

【実験１】

（課題）　火消しつぼの中でまきの火が消えるのは、どうしてだろうか。

（予想）　火消しつぼの中の酸素がなくなって、二酸化炭素ができたからだと思う。

（計画）　（１）　空気とほぼ同じ割合のちっ素と酸素を集気びんの中に入れる。
（２）　火のついたろうそくを集気びんに入れ、ふたをして、火が消えるまで待つ。
（３）　火が消えたら、気体検知管を使って、集気びんの中の酸素と二酸化炭素の割合を調べる。

（結果）

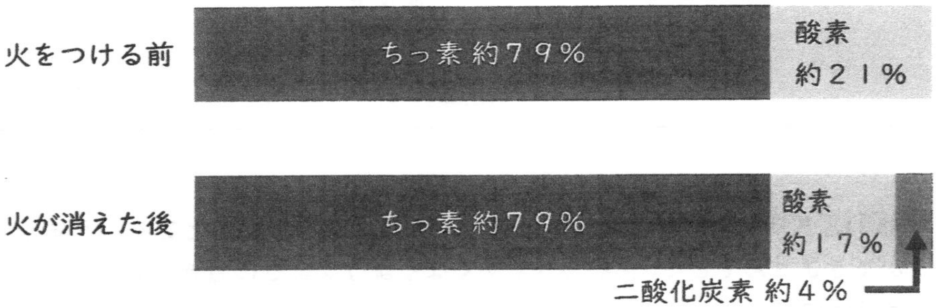

（考察）　〈ゆうきさん〉
酸素がなくなるから、火が消えると考えたけど、まだ約１７％あるから、予想が正しかったとはいえない。ちっ素の割合は、火をつける前と火が消えた後で変わっていないので、火が消えることとは関係ないと考えられる。

〈ひかるさん〉
二酸化炭素には火を消す性質があって、二酸化炭素ができたから火が消えたと考えられる。

受験番号	

2

問1	縄文時代の人々は、資料1の A のような＿＿＿＿＿＿＿＿と呼ばれる家に住み、狩りや漁、採集によって食料を手に入れていたようだね。		2点
問2	記号		
	理由		5点
問3			3点
問4			3点
問5			4点

4

【わたしのテーマ】

（　　　　　　　　）のために自分ができること

8行

10点

受験番号

受験番号	

2

問 1		3点
問 2	5分間で__________Lの血液が送り出される。	3点
問 3	酸素がより多くふくまれているのは、______だと考えられる。	1点
	理由	3点
問 4	それは、肺で ____________________ ____________________ ____________________だよ。	4点

令和４年度　入学者選考問題　　作文Ⅱ

【解答用紙】　２枚目

受験番号	

3

問１		４点
問２	〈集気びん ア〉と〈集気びん エ〉を比べると ＿＿＿＿＿＿＿＿＿＿ ＿＿＿＿＿＿＿＿＿＿ ＿＿＿＿＿＿＿＿＿＿ ＿＿＿＿＿＿＿＿＿＿ ＿＿＿＿＿＿＿＿＿＿ ＿＿＿＿＿＿＿＿と考えられる。	６点

受験番号	

4

問１	cm	１点
	計算の過程	２点
問２	cm	４点
問３	記号	２点
	理由	４点

令和４年度　入学者選考問題　　作文Ⅱ

【解答用紙】　１枚目

※50点満点

受験番号	

1

問１		２点
問２	逆数の説明	３点
	２の逆数	２点
問３		３点
問４	$\frac{4}{3} \div \frac{5}{2} =$ $= \frac{4}{3} \times \frac{2}{5}$	３点

3

受験番号

問一

(1) 2点

(2) 蓮実は「絶対的な味方」とは、その人がいることで　　　　という気持ちになることのできる存在であると考えています。 2点

問二

蓮実の　　　　ことに気づきました。 3点

問三

花音の　　　　と思う気持ちを理解したことで、自分はこれまで　　　　と思っていましたが、花音とは　　　　関係でいたいと伝えようと考えています。 6点

令和４年度　入学者選考問題　　作文Ⅰ

【解答用紙】

※50点満点

受験番号	

1

問１	シンガポールの学校は＿＿＿＿月にはじまります。	
問２		
問３	（１）　今日は＿＿＿＿曜日です。	
	（２）　火曜日の１時間目の教科は＿＿＿＿＿＿です。	
	（３）　今週の体育の授業では＿＿＿＿＿＿＿＿＿＿＿＿。	

ゆうきさん「実験では確かに酸素は減ったけど、まだ約１７％あったね。あと、ちっ素の割合は変わってないから、火が消えることには関係なさそうだね。」

ひかるさん「ほとんどなかった二酸化炭素が約４％できたね。火が消えた原因は二酸化炭素ができたことだと思うよ。」

ゆうきさん「でも、酸素も減っているから、それが原因かもしれないよ。」

ひかるさん「じゃあ、酸素が減ったことと二酸化炭素ができたことの両方が起こったから、火が消えたんじゃないかな。」

ゆうきさん「そうかもしれないね。だけど、火が消えた原因は酸素と二酸化炭素のどちらかだけかもしれないよ。」

ひかるさん「この実験だけだと、まだわからないから、実験を続けてみよう。」

【実験２】

（課題）　火が消えることに、酸素と二酸化炭素はどのように関係しているのだろうか。

（予想）　二酸化炭素ができたから火が消えたのだと思う。

（計画）　（１）　同じ形の集気びん４本に、下のグラフのような割合で気体を入れる。

（２）　それぞれに火のついたろうそくを入れて、ふたをして、その様子を観察する。

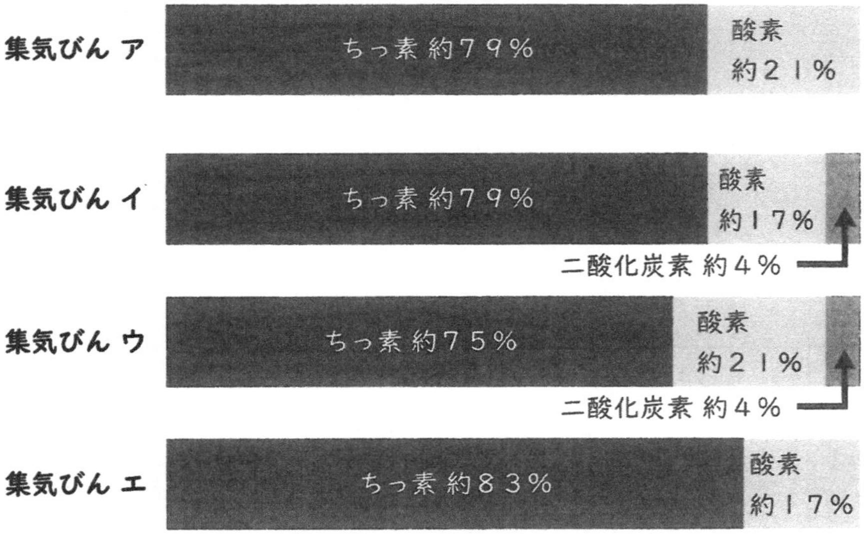

（結果）

集気びん ア	しばらく燃え続けた後に消えた
集気びん イ	すぐに消えた
集気びん ウ	しばらく燃え続けた後に消えた
集気びん エ	すぐに消えた

※問題は次のページにもあります。

ゆうきさん「この実験の結果から、どのようなことがいえるかな。」

ひかるさん「４つの集気びんの結果を２つずつ比べれば、わかりやすいよね。」

ゆうきさん「そうだね。例えば、『②〈集気びん ア〉と〈集気びん ウ〉を比べると、酸素は両方とも約２１％あって、二酸化炭素は〈集気びん ア〉はなく、〈集気びん ウ〉だけ約４％あるけど、両方とも燃え続けたから、火が消えることと二酸化炭素ができることは関係ないと考えられる。』といえるね。」

ひかるさん「そうか。２つずつ比べていけば、他のことも説明できそうだね。」

ゆうきさん「『〈集気びん ア〉と〈集気びん エ〉を比べると、

③ と考えられる。』ともいえるね。」

ひかるさん「つまり、『④火が消えることには酸素の割合が関係していて、二酸化炭素があるかどうかは関係ない。』とまとめられそうだね。」

問２　実験２のまとめが下線部④となるように、 ③ にあてはまる文を書きましょう。書くときには下線部②の書き方を参考にしましょう。

4　ゆうきさんが、次の資料１のように家庭科で習った「本返しぬい」を使って、手ぬいのコースターを作ろうとしています。ゆうきさんとひかるさんの会話を読んで、あとの問いに答えましょう。ただし、糸は１本どりで使うこととします。

資料１

＜ひと針５mmの本返しぬい＞

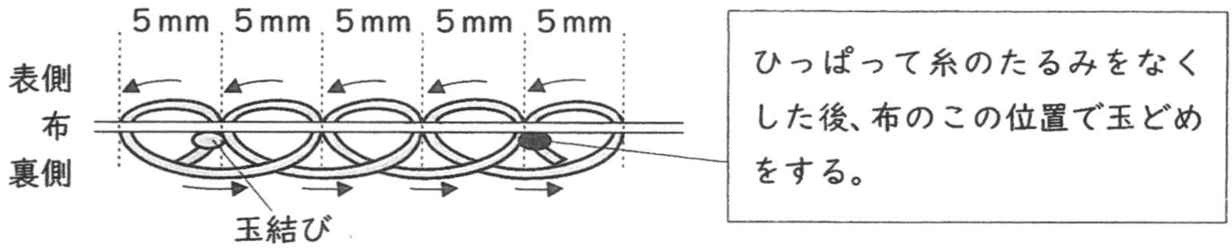

ゆうきさん「前に習った本返しぬいを使って、このメモのようにしてコースターを作ってみたいと思ってるんだ。」
ひかるさん「それはいいね。ぬう部分の長さはどれくらいになるのかな。」
ゆうきさん「必要な糸の長さも考えないといけないね。ぬう部分の長さをもとにして糸を準備するんだけど、いつも足りなくなってしまうんだ。」

ゆうきさんのメモ

- コースターを１辺が１０cmの正方形の形にする。
- コースターのそれぞれの辺から５mm内側をぬう。
- ひと針５mmの本返しぬいでぬう。
- ぬう部分で囲まれた正方形の頂点をA、B、C、Dとする。
- Aからぬい始めて、B、C、D、Aの順に通ってぬう。

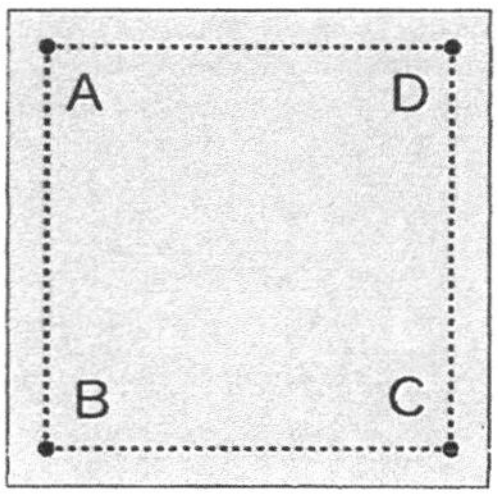

※メモにある図の点線はぬい目を正確に表したものではありません。

問１　ゆうきさんのメモにある図で、正方形ＡＢＣＤの周の長さは何cmか答えましょう。
また、その計算の過程を、言葉と式を使って説明しましょう。

※問題は次のページにもあります。

問２　前のページにある資料１と、次の資料２の条件にしたがって、ぬいたい部分の長さと、その長さを本返しぬいでぬうときに必要な糸の長さを比べます。ぬいたい部分の長さを x cm としたとき、ひと針５mm の本返しぬいに必要な糸の長さは何 cm と表せますか。x を使った式で表しましょう。

資料２

条件１	玉結びと玉どめを１回ずつ行うために、あわせて２０cm 分の糸を使うものとします。
条件２	布の厚みや糸の太さは考えません。

ゆうきさん「ここにある１mの長さの糸を使ってぬうよ。これで糸は足りるのかな。」
ひかるさん「もし糸が足りなくなったらどうするの？」
ゆうきさん「予備として新品の糸もあるけれど、使わずにすんだらいいな。糸が足りなければ、糸が足りなくなる前に角で玉どめをして、新しい糸に切りかえることにしようと思っているよ。」
ひかるさん「角を曲がるときのぬい方はまだ習っていないよね。」
ゆうきさん「そうだね。それじゃあ、角までぬったら玉どめをして一度糸を切って、またその角からぬい始めることにしよう。」

問３　２人の会話をもとに、ゆうきさんのメモ、資料１、資料２にしたがってコースターをぬいます。このときのようすを表した文として正しいものを、次のア～エの中から１つ選び、記号で答えましょう。また、その理由を、言葉と式を使って説明しましょう。

ア　１mの糸ではＣまでぬうことができないので、Ｂで新しい糸に切りかえた。
イ　１mの糸ではＤまでぬうことができないので、Ｃで新しい糸に切りかえた。
ウ　１mの糸ではＡまでぬうことができないので、Ｄで新しい糸に切りかえた。
エ　１mの糸でぬいきることができた。

※以上で問題は終わりです。

作文Ⅰ　大問１　＜英語：リスニング問題＞　　※音声は収録しておりません

これから、放送による問題を始めます。
問題は、問題用紙の１ページにあります。
（３秒後）

問題は、問い１から問い３まであります。英語はすべて２回ずつ放送されます。問題用紙にメモを取ってもかまいません。答えはすべて解答用紙に記入しましょう。
（３秒後）

はじめに問い１を行います。
問１では、ALT のジェフ先生が、外国語の時間に海外の学校について話をしています。ジェフ先生の話を聞いて、シンガポールの学校がはじまる月を数字で書き、文を完成させましょう。
それでは始めます。
（３秒後）

問い１の１回目を放送します。

In Japan, the school year starts in April.
In many countries, the school year starts in September.
For example, in the U.S., France and China, the school year usually starts in September.
Let's see other countries. How about other countries?
In Singapore, it starts in January and in Brazil, it starts in February.

（３秒後）

問１の２回目を放送します。

（繰り返し）

（３秒後）

続いて問２を行います。問い２では、ジェフ先生は、現在地から近くのスーパーマーケットまでの道のりをゆうきさんに聞いています。ゆうきさんが教えてくれた道のりを、解答用紙の地図に線でかき入れましょう。
それでは始めます。

（３秒後）

伊奈学園中学校

令和３年度　入学者選考問題

作　文　Ⅰ

受験番号	

（注意）

○ 受験番号を、問題用紙（１か所）と解答用紙（２か所）に書きましょう。

○ 問題用紙は、全部で10ページあります。

○ 時間は、50分間です。

○ 問題用紙の空いている場所は、メモや計算などに使用してもかまいません。

1 これから放送される英語を聞いて、あとの問いに答えましょう。

※音声は収録しておりません

＊ 問題は、問１～問３まであります。
＊ 英語はすべて２回ずつ放送されます。
＊ 問題用紙にメモを取ってもかまいません。
＊ 答えはすべて日本語で解答用紙に記入しましょう。

問１　マイクさんとさくらさんが、話をしています。２人の話を聞いて、さくらさんが昨日の夜に寝た時刻《じこく》を数字で書き、文を完成させましょう。

問２　ひとみさんとボブさんが、話をしています。２人の話を聞いて、ボブさんの誕《たん》生《じょう》日《び》を数字で書き、文を完成させましょう。

問３　なおみさんとＡＬＴのサム先生が、話をしています。２人の話を聞いて、サム先生が好きな季節とその季節にしたいことを書き、文を完成させましょう。

※問題は次のページにもあります。

2 次の会話を読んで、あとの問いに答えましょう。

ひかるさん　授業で日本の気候について学習したね。
ゆうきさん　地域《ちいき》によって、年間や月ごとの気温や降水《こうすい》量にも違《ちが》いがあったよね。
ひかるさん　わたしの生まれた静岡《しずおか》市の気温と降水量を調べたら資料１を見つけたよ。静岡市の気候の特色は、夏の降水量が多くて蒸《む》し暑いことだね。
ゆうきさん　わたしも生まれた都市の気温と降水量を調べたら資料２を見つけたよ。わたしの生まれた都市は、資料３のうちどこの都市でしょう？
ひかるさん　資料２のグラフから、冬の降水量が多いという特色がみられるね。ということは、ゆうきさんが生まれた都市は（　①　）だね。
ゆうきさん　その通り！でも、なぜ（　①　）は冬の降水量が多いのかな？
ひかるさん　［　　　　②　　　　］
ゆうきさん　さすがひかるさん、よく学習しているね。

問１　資料２はゆうきさんが生まれた都市の気温と降水量のグラフです。これを見て、会話文中の（　①　）にあてはまる都市を資料３から１つ選び、書きましょう。

問２　会話文中の［　②　］にあてはまる適切な理由を書きましょう。

資料１　**静岡市の気温と降水量のグラフ**

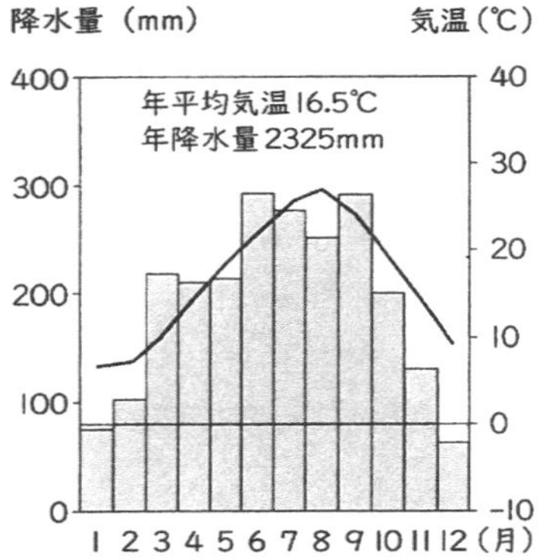

資料２　**ゆうきさんが生まれた都市の気温と降水量のグラフ**

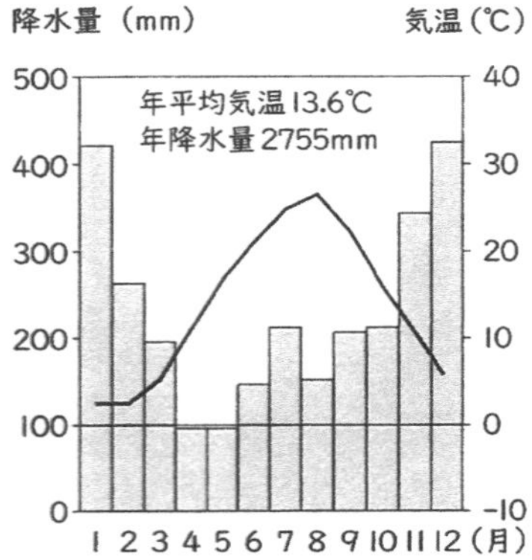

気象庁HPより作成

資料３

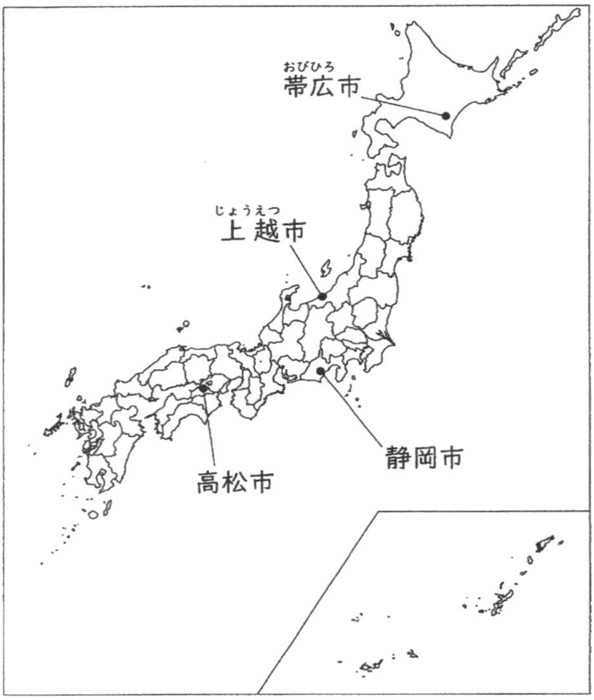

ひかるさん　水について調べていたら、資料４のパンフレットを見つけたよ。パンフレットによると、地球は「水の惑星《わくせい》」と呼ばれているけど、地球上の水のほとんどが海水で、わたしたちが簡単に利用できる水は、地球全体の水の約0.01%しかないみたいだよ。わたしたちは、水を当たり前のように使っているけど、水は貴《き》重《ちょう》なものなんだね。

ゆうきさん　日本の降水量は年間約1690mmで、世界平均の約２倍なんだって。でも、せまい国土に人口が多くて、一人当たりの降水量は世界平均の３分の１くらいしかないみたいだよ。

ひかるさん　へぇ。それを聞くと、ますます水が貴重なものだと感じるね。

ゆうきさん　日本は、水を利用するのに不利な国みたいだよ。パンフレットには、その理由も書いてあるね。

ひかるさん　日本にダムがたくさんある理由が分かった気がするよ。

問３　資料４の［　　③　　］にあてはまる、日本の地形の特色を資料５と資料６を見て書きましょう。

資料４　ひかるさんが見つけたパンフレットとその内容

●日本は水を利用するのに不利な国！？●

理由１

日本は、梅雨時や台風の時に雨が集中するなど、雨が降《ふ》る時期がかたよっているので、安定して水を得るのが難しい。

理由２

日本の地形は、［　　③　　］。そのため、降った雨が短時間のうちに海に流れ出てしまう。

日本では、このような条件のもとで、利用できる水を確保するためにさまざまな努力を重ねてきました。

国土交通省「日本の水」より作成

資料５　世界と日本の主な川の長さとかたむき

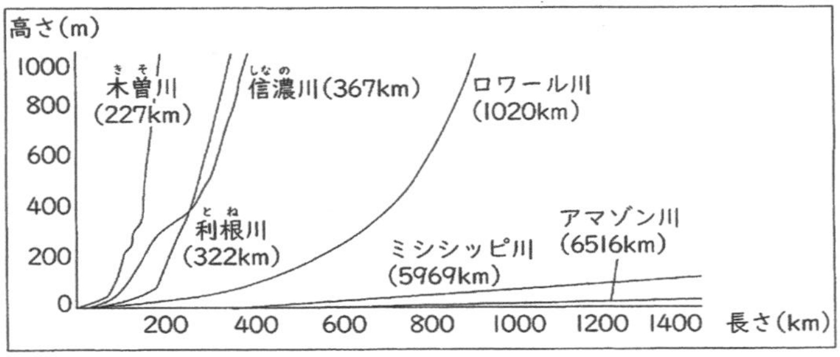

資料６　日本の国土の地形の割合

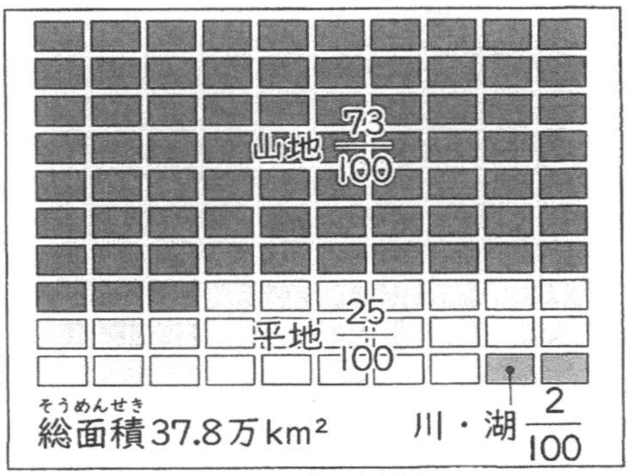

日本統計年鑑《とうけいねんかん》（2017年）

※問題は次のページにもあります。

ひかるさん	ところで、世界の水は足りているのかな？
ゆうきさん	調べてみたら資料７を見つけたよ。世界では、飲み水や農業用水など、わたしたちの生活に必要な水の量（水需要《みずじゅよう》）が増えているらしいよ。
ひかるさん	資料７を見ると、2050 年には世界の水需要は約（　　④　　）km³ になるみたいだね。
ゆうきさん	このままだと、世界の水不足の問題は深刻《しんこく》になっていくね。
ひかるさん	2015 年の国連サミットでは、これからの人類社会に必要不可欠なＳＤＧｓ（持続可能な開発目標）が設定されたよ。17 ある目標の６には「⑤すべての人々に水と衛生へのアクセスと持続可能な管理を確保する」ことが示されているんだ。これからは、世界にも目を向けて、地球規模《きぼ》の問題の解決について考えていかないといけないね。

問４　会話文中の（　　④　　）にあてはまる最も適切な数字を、次の□中から１つ選び、解答用紙の文を完成させましょう。

3600	5580	8280
8640	18000	

資料７

水は地球上のすべての生命の源《みなもと》であり、貴重な資源《しげん》でもある。水はわたしたちが日常生活や経済《けいざい》活動を行う上でかけがえのないものだが、このような水の大切さを忘れがちである。しかし、現在、世界人口の増加、発展《はってん》途《と》上国《じょうこく》の経済成長、気候変動などにより、世界規模《きぼ》で水資源の問題が発生している。

経済《けいざい》開発協力機構（ＯＥＣＤ）の調査によれば、2000 年時点の世界の水需要《みずじゅよう》は約 3600km³ であったが、2000 年から 2050 年までの間に製造業に使われる工業用の水が約５倍、発電用の水が約2.4倍、生活用水が約2.3倍に増加し、水需要全体では約 1.55 倍に増加すると見込まれている。2050 年時点で深刻《しんこく》な水不足に陥《おちい》る河川流域《りゅういき》の人口は、世界人口の４割以上である 39 億人にも達する可能性があると予想されている。

国土交通省ＨＰなどより作成

問５　会話文中の下線部⑤について、２人が通う学校では、総合的な学習の時間で日本のＮＧＯ（非政府組織）の方を講師に招き授業を行いました。
資料８を見て、ＮＧＯの講師が生徒に出した【問題】の答えを書きましょう。

わたしたちは、水道など水の供給《きょうきゅう》施設《しせつ》が整備されていない村に対して、安全な水を使えるように支援《しえん》するプロジェクトに取り組むことになりました。

わたしたちＮＧＯの会議では、資料８のア、イが示されました。話し合いの結果、【村の現状と要望】を考えて、アの案が採用されることに決まったのです。

【問題】

村人にとってアの案の方が良い理由を、イの案の良い点にもふれながら説明しましょう。

NGOの講師

資料８

【村の現状と要望】

- 村から遠く離れた水場まで、一日何往復も水くみに行っており、もっと楽に水を使えるようにしたい。
- 予算が限られており、かかる費用を節約したい。
- できるだけ早く水の供給施設を完成させたい。
- 村には日本のような技術力はなく、今後は、村人たちだけの力で新しい水の供給施設を運用できるようにしたい。

【NGO の会議で出た案】

ア．現地で調達できる道具や材料を使った井戸の掘《ほ》り方や管理の仕方を教えて、村人達が施設を運営できるようにする。
（水が使えるようになるまでの期間：約６か月、費用：約 45 万円）

イ．40km先の河川に浄水場《じょうすいじょう》を日本のNGOが建設し、そこから水道管を引いて、村の家に水を届《とど》ける。
（水が使えるようになるまでの期間：約３年、費用：約 30 億円）

※問題は次のページにもあります。

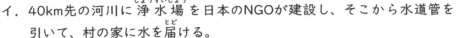

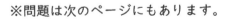

3　次の文章を読み、あとの問いに答えましょう。

（童話が大好きな中学生の「（わたし）高梨《たかなし》桃《もも》」は、まわりの友達が急に大人に見え、自分も早く大人にならなければ、というあせりから、いつもとは違う恋愛《れんあい》小説を借りた。しかし、読むのをあきらめてしまい、放課後に図書館へその小説を返した後、童話コーナーで、幼なじみの「みっくん」を見つけた。）

そこにいたのは、大人びた顔の背の高い男子。みっくんだった。みっくんは棚《たな》の前で童話の本を開いて、熱心に立ち読みをしていた。

本の表紙は見えないけど、挿絵《さしえ》でわかる。この前わたしが返した、「こだぬきレストランのポツクル」の最新刊だ。

それを読むみっくんの顔には、すごくわくわくした表情が浮《う》かんでいた。いつもの不《ふ》機《き》嫌《げん》で怖《こわ》そうな顔とは違《ちが》う、昔となんにも変わっていない、おもしろい童話を読んでいるときのみっくんの顔だ。

驚《おどろ》きすぎて声をかけることもできないでいると、みっくんがわたしに気がついた。みっくんはぎょっとした顔になってから、すぐにその表情を引っこめて、「なんだ、高梨か」とぶっきらぼうに言った。そして読んでいた本を棚にもどすと、①なにごともなかったかのように、すたすたとその場を立ち去ってしまう。

呆気《あっけ》に取られてしまってから、わたしはとっさにポツクルの最新刊を棚からぬきだして、みっくんのあとを追いかけた。

「待ってよ、みっくん！」

昔のあだ名をつい使ってしまったら、みっくんが怒《おこ》った顔で振《ふ》りかえった。鋭《するど》い目でにらまれて、わたしはびくっとうつむいた。

けれどそれからすぐに、大きなため息の音が聞こえた。わたしがおそるおそる顔を上げると、みっくんは怖い顔をやめて、あきれたようにわたしのことを見ていた。

「もうその呼びかたはするなよ。恥《は》ずかしいだろ」

「ごめんなさい。その、これ、借りようとしてたんじゃないの？」

わたしは②おずおずとポツクルの本をみっくんに差しだした。するとみっくんはその本を見もしないでこたえる。

「そういうわけじゃない。この前高梨が話してたのを思いだして、ちょっと見てただけだ」

「でも、すごくわくわくした顔で読んでたし……」

「そんな顔はしていない」

怖い声できっぱり言いかえされて、わたしはまた縮《ちぢ》こまった。けれど、それでもまだあきらめられないで、わたしがこわごわその顔色をうかがおうとしていると、みっくんはぼそぼそとつけくわえた。

「だいたい、こんなでかいのが低学年向けの童話なんて読んでたら、変に決まってるだろ」

その言葉を聞いたわたしは、はっとしてみつくんの顔を見あげた。わたしよりも頭ひとつぶんは上にある、みつくんの顔を。

ふてくされたような顔でそっぽを向いているみつくんを見て、わたしは気がついた。みつくんは、童話を好きじゃなくなったわけじゃなかったんだ、って。そのことが、みつくんの声や表情から伝わってきた。

それからわたしは、学校での美貴《みき》ちゃんとの会話を思いだした。大人っぽいふりをしていたわたしは、不機嫌そうで怒っているように見えた、と美貴ちゃんは言っていた。不機嫌そうで怒っているように見えるって、それはわたしだけじゃなくて、みつくんだってそうだ。

もしかしたらみつくんも、急いで大人になろうとして、無理をしているんじゃないだろうか、とわたしは思った。わたしと違って、みつくんの外見はどんどん大人に近づいている。だからわたしよりも余計にあせって、大きくなった体に中身もあわせようと、大人っぽく振舞《ふるま》って、好きな童話も読まなくなって……。

大人にならなくちゃとあせっていたのは、わたしだけじゃなかった。そのことがわかった途端《とたん》、わたしの口から言葉が飛びだしていた。

「絶対、変なんかじゃないと思う！」

静かな図書館に、わたしの声が響《ひび》きわたった。みつくんは目をまるくしていて、わたしも自分の声の大きさに驚《おどろ》いていた。

なにを話したらいいかわからなくて、わたしはおろおろしてしまった。だけどわたしはとにかくみつくんに、またポックルの童話を読んでほしかった。

「あ、あのねっ、この本、ほんとにすごくおもしろかったの！　ポックルの全部のお話の中で、ベストスリーに入れたいくらいに。ライバルのイナリ丸との料理勝負もわくわくしたし、ポックルがつくるいろんなマーボー豆腐《どうふ》がどれもおいしそうで……」

わたしは一生懸命《けんめい》、ポックルの新しいお話のおもしろさをみつくんに伝えようとした。

そんなわたしのことを、みつくんはきょとんとした顔で見つめていた。けれどそのうちに、みつくんは「ふう」とため息をついて、「わかったよ」とわたしの言葉を止めた。やれやれというような、だけど③やさしい声で。

「普段《ふだん》はおどおどしてるのに、好きな本の話をするときはすごいおしゃべりなとこ、昔と変わらないな」

みつくんはそう言って、わたしの差しだした本を受けとった。みつくんに本をわたしながら、わたしは自然と笑顔になっていた。変わらなくちゃ、と思って、ずっと頑張《がんば》っていたはずなのに、④変わらないな、というみつくんの言葉が、わたしはなんだかとてもうれしかった。

（『給食アンサンブル』　如月《きさらぎ》かずさ著　光村図書出版より　一部省略がある。）

※問題は次のページにもあります。

問一　――線部①とありますが、なぜみっくんはそのような行動をとったのですか。「からです。」で終わるように、二五字以上三五字以内で書きましょう。

問二　――線部②とありますが、これと似た意味で使われている語句を、本文中から六字で書き抜きましょう。

問三　――線部③とありますが、わたしのどのような様子を見て、みっくんは「やさしい声」になったのですか。次の文の空らんに当てはまる語句を書きましょう。

みっくんは、［　　　　　　　　　　］わたしを見て、なつかしさを感じたからです。

問四　――線部④とありますが、それはなぜですか。「と思えたからです。」で終わるように、一五字以上二五字以内で書きましょう。

4 あなたが理想とする中学校生活はどのようなものですか。また、その理想を実現するためにどのようなことに挑戦しますか。次の（注意）にしたがって書きましょう。

（注意）

○ 作文は八行以上一〇行以内で書きましょう。

○ 原稿《げんこう》用紙の正しい使い方にしたがって、文字、仮名づかいも正確に書きましょう。

○ 題名・氏名は書かないで、一行目から本文を書きましょう。

※以上で問題は終わりです。

令和３年度　入学者選考問題

作 文 Ⅱ

受験番号	

（注意）

○ 受験番号を、問題用紙（１か所）と解答用紙（４か所）に書きましょう。

○ 問題用紙は、全部で 11 ページあります。

○ 時間は、50 分間です。

○ 問題用紙の空いている場所は、メモや計算などに使用してもかまいません。

○ 図やグラフをかくときは、定規を使わずにかきましょう。

1 ゆうきさんとひかるさんは、お楽しみ会の準備のために買い物に行きました。２人の会話を読んで、あとの問いに答えましょう。

ゆうきさん「赤、白、青の３本のリボンがあるね。」
ひかるさん「赤のリボンの長さは１．２ｍあるよ。」
ゆうきさん「赤のリボンの長さをもとにすると、白のリボンは３倍、青のリボンは３．５倍の長さになっているね。」

問１　下の【数直線の図】は赤のリボンの長さをもとにしたときの、白、青のリボンの長さを表したものです。【数直線の図】の□にあてはまる数を書きましょう。

【数直線の図】

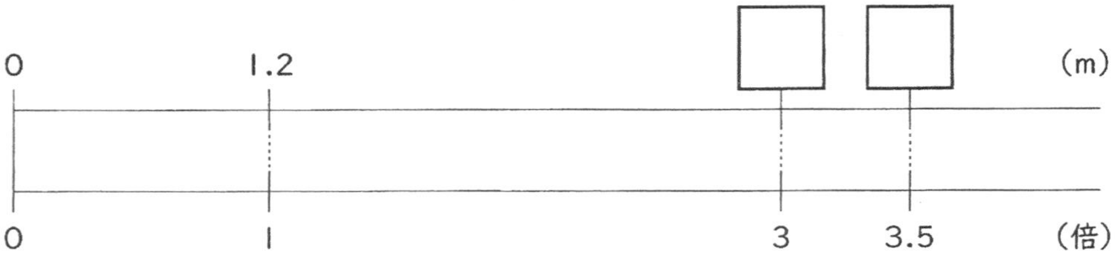

ゆうきさん「緑のリボンも見つけたよ。赤のリボンより短いみたい。」
ひかるさん「緑のリボンの長さをもとにすると、赤のリボンの長さは１．５倍だね。」

問２　緑のリボンの長さを求めましょう。

問３　緑のリボンの長さをもとにしたとき、赤、白、青のリボンの長さはそれぞれ何倍になるかを求め、その関係を表す【数直線の図】を書きましょう。また、ことばと式を使って求め方も書きましょう。

ゆうきさん「４８個入りで２６４０円のボタンがあるよ。」
ひかるさん「ボタンは１０個あれば足りるね。」
ゆうきさん「必要な個数に合わせて買えるみたいだよ。」
ひかるさん「１０個だといくらになるかな。」
ゆうきさん「式は２６４０÷４８×１０となり、計算すると５５０円になるね。」

問４　上の会話で、ゆうきさんは２６４０を４８で割っていますが、これは何を求めていますか。

※問題は次のページにもあります。

2 ゆうきさんは、日本を訪《おとず》れた外国人に関する次の資料１～資料３を見つけました。あとの問いに答えましょう。

資料１　日本を訪れた外国人の国・地域別の割合

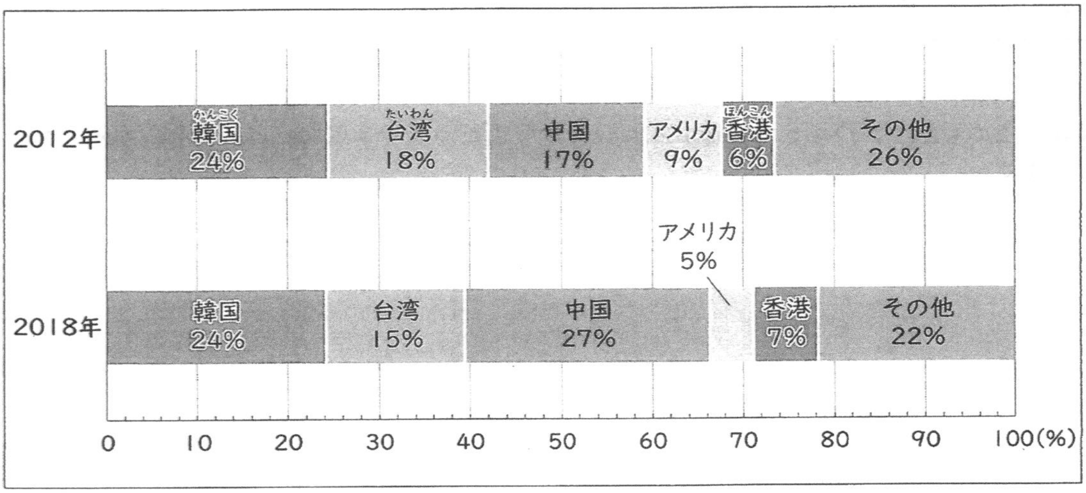

資料２　日本を訪れた外国人の目的別の割合

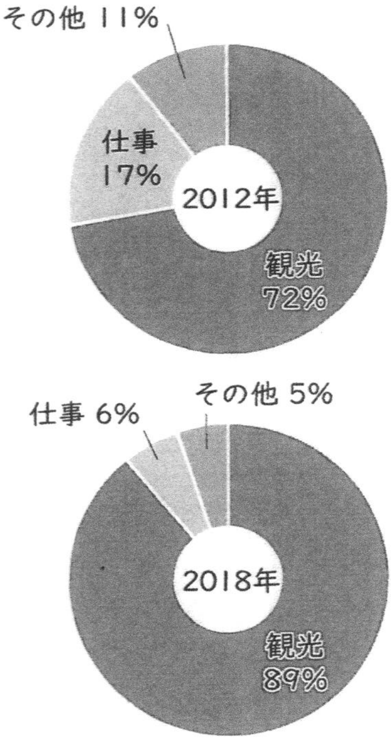

資料３　日本を訪れた外国人の数

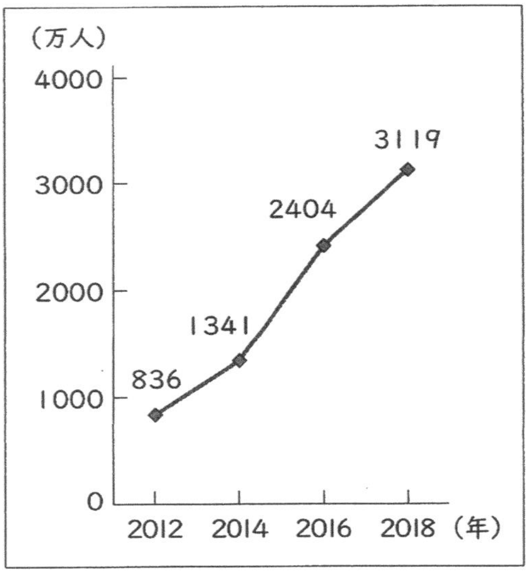

日本政府観光局（JNTO）データより作成

問１　次のア、イのことがらは正しいですか。「正しい」か「正しくない」かのどちらかで答え、その理由を資料にふれながら、ことばと式を使って書きましょう。

ア　２０１８年に日本を訪れたアメリカ人の数は、２０１２年より減っています。

イ　２０１８年に観光を目的として日本を訪れた外国人の数は、２０１２年に観光を目的として日本を訪れた外国人の数の４．５倍以上です。

※問題は次のページにもあります。

3 ゆうきさんとひかるさんは授業で学んだ手順で、水を熱する【実験１】と、水を冷やす【実験２】を行いました。実験の手順と結果を読み、あとの問いに答えましょう。

【実験１】

手順

１　図１のような装置《そうち》をつくり、ビーカーに水を入れ、水面の位置に印《しるし》をつけた。

２　水を熱して、２分ごとに水の温度と、観察して気づいたことを記録した。

３　結果を表とグラフに整理した。

図１

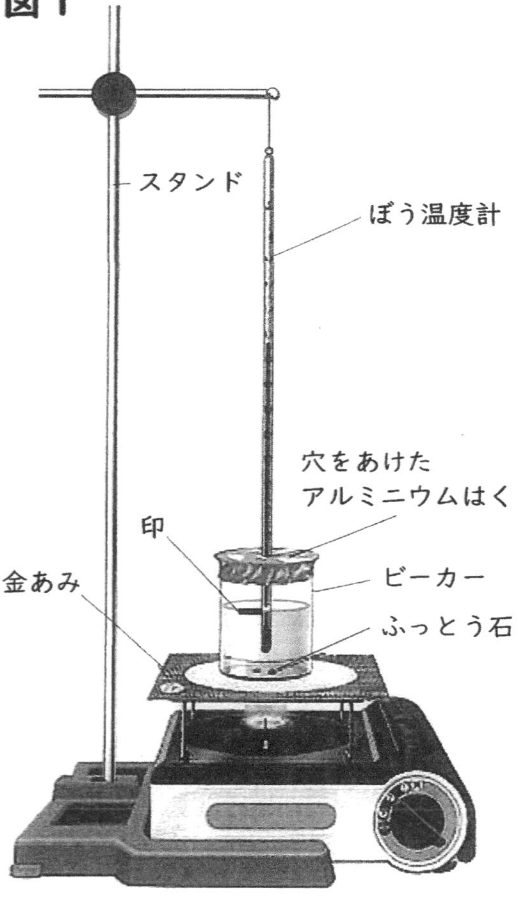

結果（表）

時間（分）	温度（℃）	気づいたこと
0	17	火をつけた。
2	22	
4	36	ビーカーの底に小さい泡《あわ》が出た。
6	47	
8	56	
10	70	
12	83	アルミニウムはくの穴から湯気が出てきた。
14	96	ふっとう石から泡がたくさん出てきた。
16	100	
18	100	
20	100	
22	100	火を消した。
24	96	湯気はまだ出ていた。
26	94	①水が印よりも減っていた。
28	92	

受験番号

3

問一

からです。

3点

問二

3点

問三

3点

問四

と思えたからです。

3点

4

8行

10点

受験番号	

2

問1	アのことがらは、＿＿＿＿＿＿＿＿＿＿＿＿＿＿＿＿＿＿＿＿。	2点
	【理由】	4点
	イのことがらは、＿＿＿＿＿＿＿＿＿＿＿＿＿＿＿＿＿＿＿＿。	2点
	【理由】	4点

令和３年度　入学者選考問題　　作文Ⅱ

【解答用紙】　２枚目

受験番号	

3

問１	水がふっとうしているのは＿＿＿＿＿分から＿＿＿＿＿分までです。
問２	
問３	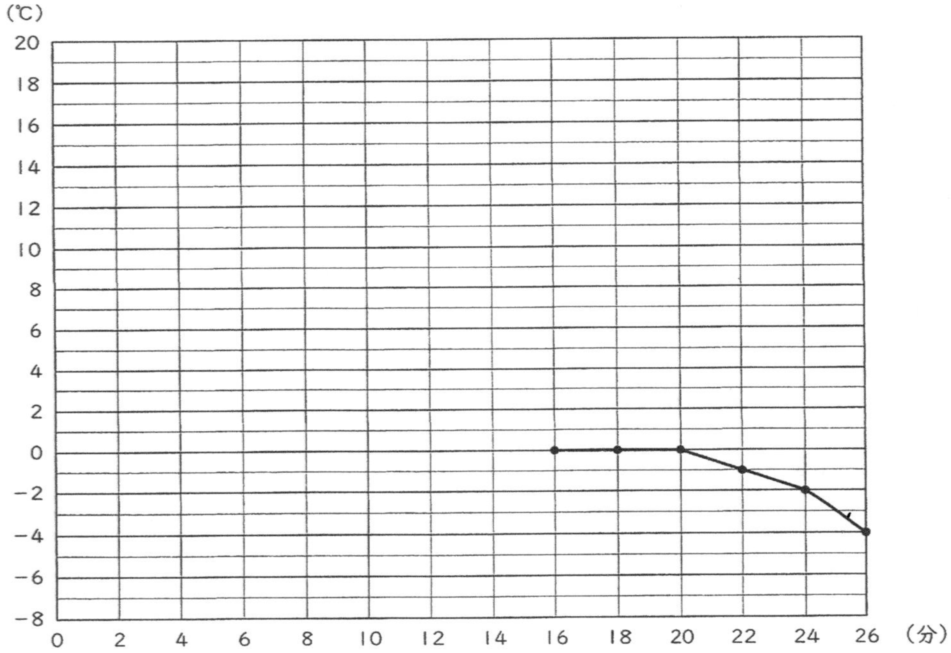
問４	
問５	＿＿＿＿＿＿＿＿＿＿＿＿＿＿＿＿＿＿＿＿だよ。

受験番号	

4

問 1	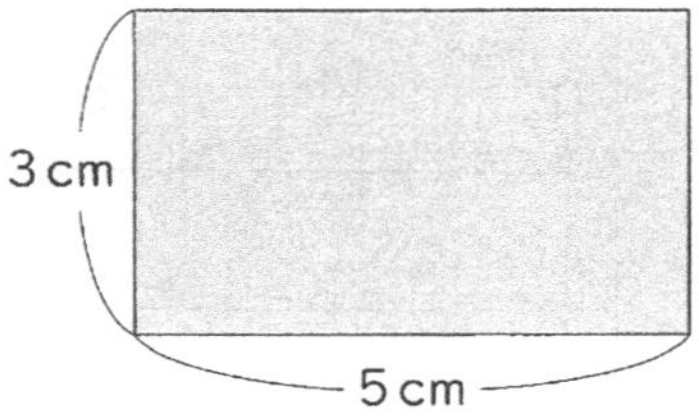	4点
問 2	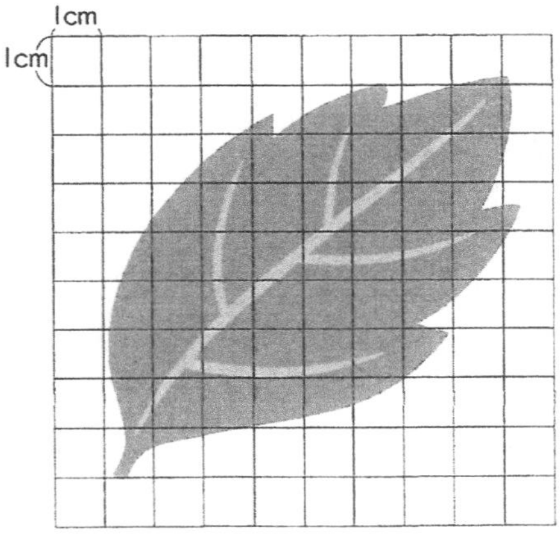	4点

令和３年度　入学者選考問題　　作文Ⅱ

【解答用紙】　１枚目

※50点満点

受験番号	

1

問１　2点

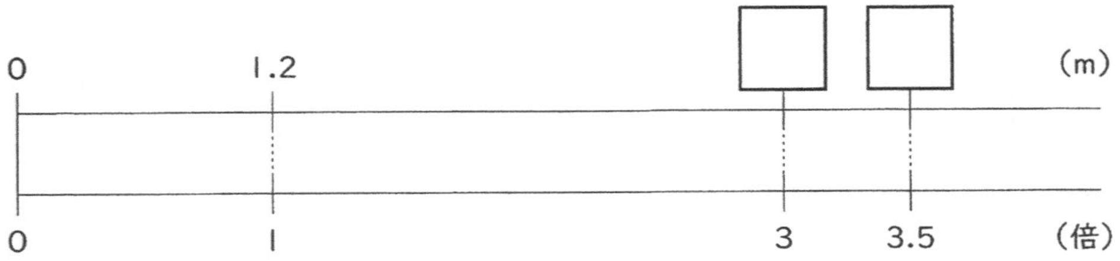

問２　3点

緑のリボンの長さは＿＿＿＿＿＿＿＿mです。

問３　3点

【数直線の図】

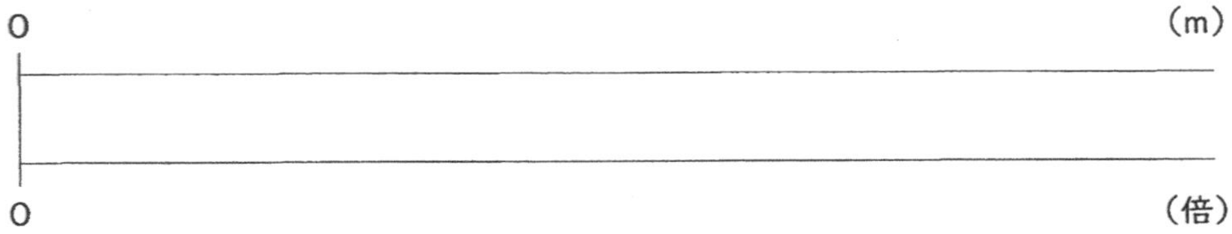

3点

求め方

問４　3

令和３年度　入学者選考問題　　作文Ⅰ

【解答用紙】

※50点満点

受験番号	

1

問１	さくらさんが昨日の夜に寝た時刻は＿＿＿＿＿＿＿時です。	3
問２	ボブさんの誕生日は＿＿＿＿月＿＿＿＿日です。	3
問３	サム先生が好きな季節は＿＿＿＿＿＿＿です。 その季節にしたいことは＿＿＿＿＿＿＿＿＿＿＿＿＿＿＿です。	4

2

問１		3点
問２		4
問３		4
問４	2050年には世界の水需要は約＿＿＿＿＿＿km^3 になるみたいだね。	3
問５		4

結果（グラフ）

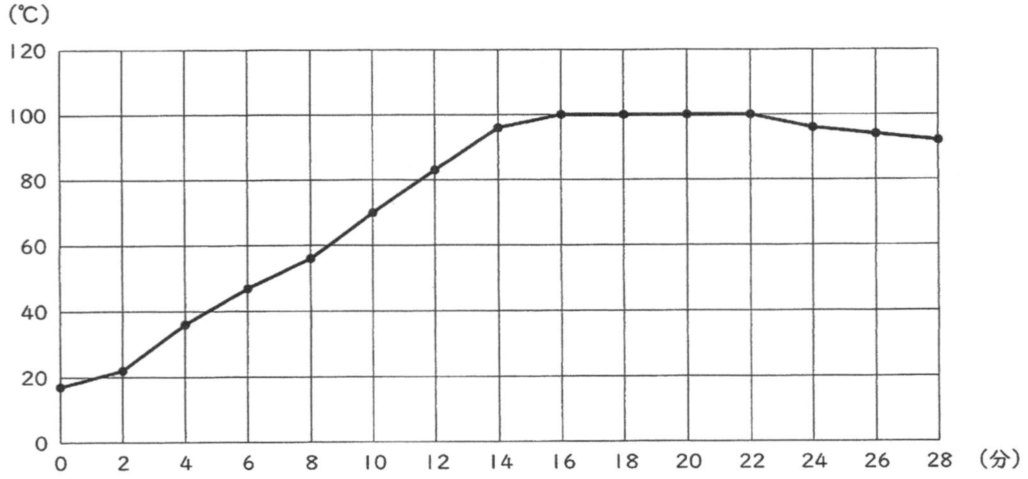

問１　【実験１】の 結果（グラフ） を見て、水がふっとうしていると判断できる時間帯を書きましょう。

問２　【実験１】の 結果（表） に下線部①とありますが、水が印よりも減ったのはなぜですか。その理由を「空気中」という言葉を使って説明しましょう。

※問題は次のページにもあります。

【実験２】

手順

1　図２のような装置をつくり、試験管に水を入れ、水面の位置に印《しるし》をつけた。

2　ビーカーの中に、たくさんの氷と十分な量の食塩を入れ、氷がひたるぐらいに水を加えて、試験管の中の水を冷やした。

3　２分ごとに水の温度と、観察して気づいたことを記録した。
ときどき試験管を軽くゆらして水の変化のようすを確認《かくにん》した。

4　結果を表とグラフに整理した。

図２

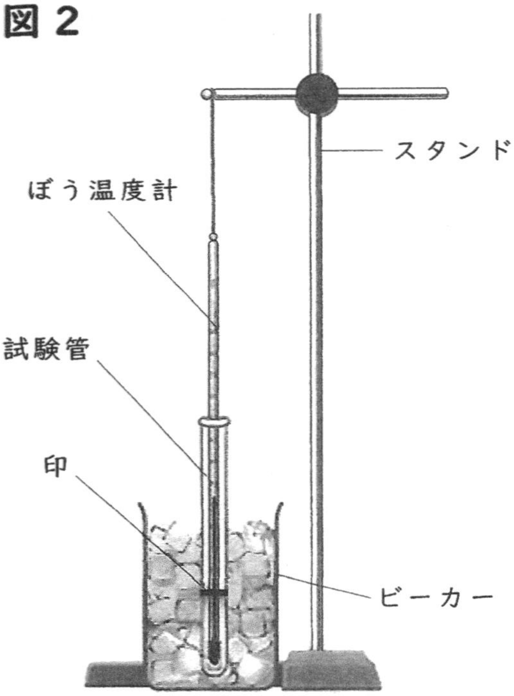

結果（表）

時間（分）	温度（℃）	気づいたこと
0	19	
2	11	水の温度がどんどん下がっていく。
4	8	
6	7	試験管の中がくもった。
8	5	
10	3	
12	1	
14	0	試験管をゆらすと、水が急に白くなった。
16	0	
18	0	②0℃のまま変わらない。
20	0	
22	－1	
24	－2	印よりも上がってきた。
26	－4	

結果（グラフ）

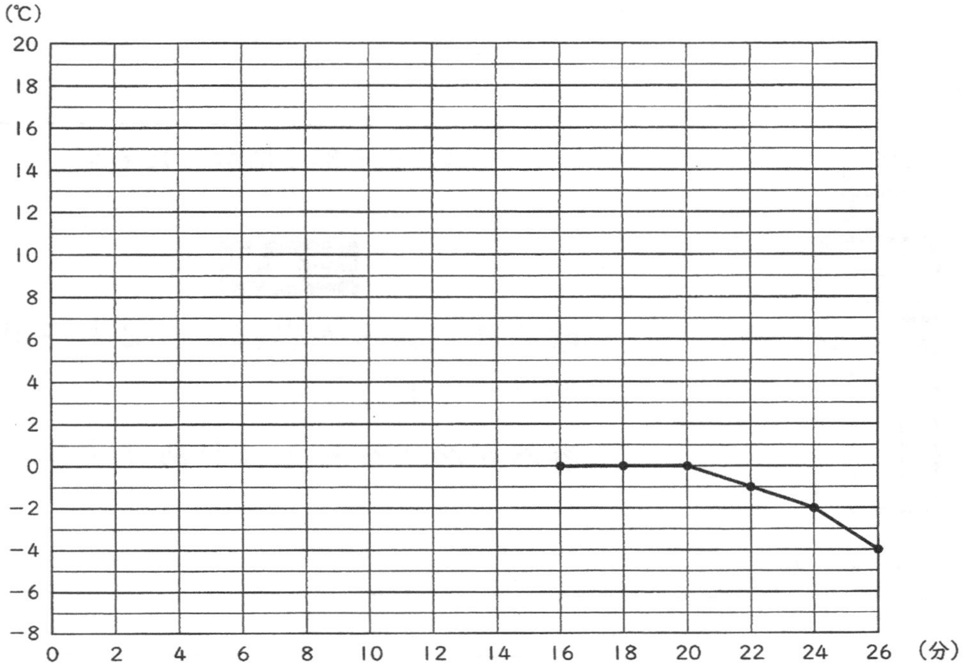

問３　ゆうきさんは、【実験２】の 結果（表） をもとにして、温度変化のようすを上の 結果（グラフ） に表しました。解答用紙の折れ線グラフにつながるように、以下の（注意）にしたがって、０分から１６分までのグラフを完成させましょう。

（注意）

・それぞれの時間の温度を表すところに●印をかきましょう。

・定規は使わずにかきましょう。

問４　【実験２】の 結果（表） に下線部②とありますが、このとき、試験管の中の水はどのような状態になっているか書きましょう。

※問題は次のページにもあります。

問５　ひかるさんとゆうきさんが、次の資料を見て、会話をしています。ゆうきさんの説明が正しくなるように［　　　　］にあてはまる文を書きましょう。

資料

ラベルの一部を拡大したもの

ペットボトル

注意！

飲み物が入った容器は、こおらせないでください。
容器が壊《こわ》れるおそれがあります。

ひかるさん「水についてよくわかったね。」
ゆうきさん「そういえば、こんな資料を見つけたよ。」
ひかるさん「【実験２】の結果を使えば、どうして容器が壊れてしまうのか説明できるね。」
ゆうきさん「うん、今から説明するよ。なぜ容器が壊れてしまうかというと、［　　　　　　　　　　　　　］だよ。」

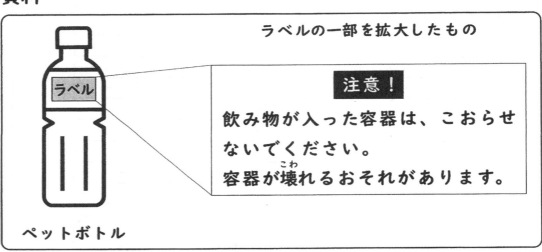

※問題は次のページにもあります。

４ 次の【言葉の意味】を読んで、あとの問いに答えましょう。

【言葉の意味】

　広さのことを面積といいます。

　面積は、１辺が１cm の正方形が何個分あるかで表すことができます。

　１辺が１cm の正方形の面積を１平方センチメートルといい、１cm² とかきます。

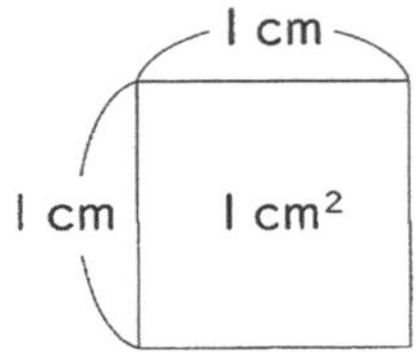

問１　右の図のような、たて３cm、横５cm の長方形の面積を次の計算で求めました。

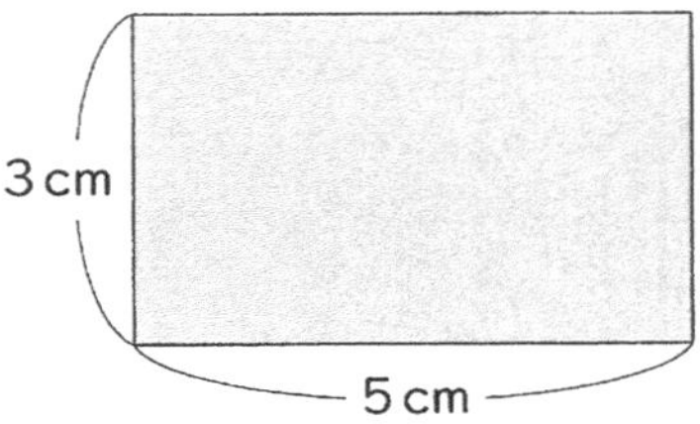

$$3 \times 5 = 15$$　より　１５cm²

なぜ３×５というかけ算を使うのか、上の【言葉の意味】をもとに説明しましょう。説明を助けるために解答用紙の図を用いてもかまいません。

問２　右の図のような葉の面積を、上の【言葉の意味】をもとに求めようとすると、どのようなむずかしさがありますか。説明しましょう。

　また、できるだけ正確な面積を知るために、あなたはどのように工夫しますか。説明しましょう。

　説明を助けるために解答用紙の図を用いてもかまいません。

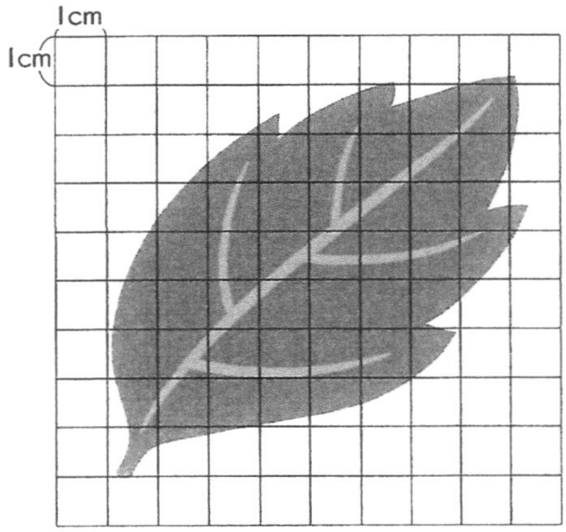

※以上で問題は終わりです。

放送原稿

埼玉県立伊奈学園中学校　令和３年度入学者選考　※音声は収録しておりません

作文Ｉ：放送による音声を聴取して日本語で表現する問題　放送台本

問１

Mike： Hey, Sakura. You look sleepy.
Sakura： Yes. I'm very sleepy.
Mike： What time did you go to bed last night?
Sakura： I went to bed at eleven last night.
Mike： Eleven? Wow. That's late. I went to bed at nine

問２

Hitomi： When is your birthday, Bob?
Bob： My birthday is January 13.
Hitomi： January 30?
Bob： No. 13.
Hitomi： Oh, January 13. I see.

問３

Naomi： Hello, Sam.
Sam： Hello, Naomi. What season do you like?
Naomi： I like winter the best.
Sam： What do you want to do in winter?
Naomi： I want to ski. What season do you like?
Sam： I like summer the best.
Naomi： What do you want to do in summer?
Sam： I want to swim in the sea.
Naomi： That's nice.

伊奈学園中学校

令和二年度　入学者選考問題

作　文　Ⅰ

受験番号

（注意）

○受験番号を、問題用紙と解答用紙（一枚目その1、その2）、（二枚目その1、その2）の全部で五か所に書きましょう。

○問題用紙は、全部で一一ページあります。

○時間は、五〇分間です。

○解答用紙に、（解答記入上の注意）があるので、試験開始後、よく読みましょう。

一

次の問一～問三に答えましょう。

問一　長野県はレタスの生産がさかんです。**資料１**からわかるように、６月から９月に東京の市場に入荷《にゅうか》するレタスの半分以上が長野県産である理由を**資料２**と**資料３**を見て、二〇字以上四〇字以内で書きましょう。

資料１　東京の市場に入荷するレタスの月別入荷量(2018)

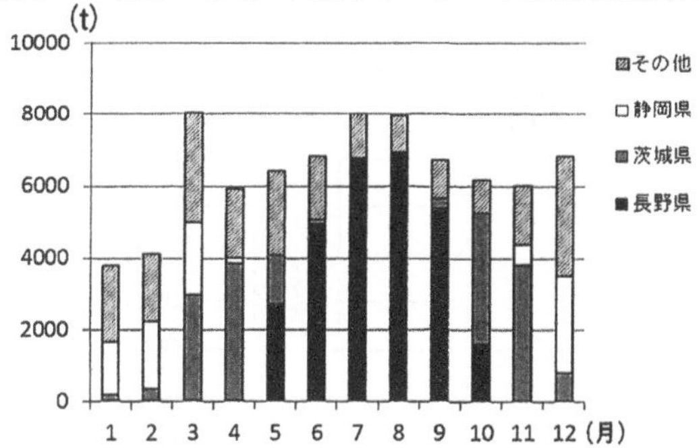

東京都中央卸売《おろしうり》市場資料より作成

資料２　ある生徒がレタスについて調べたメモ

・気温に敏感《びんかん》な野菜。

・気温約１５～２０℃で最も良く育つ。

・年間を通じて販売されている。

・冬季にはビニールハウス栽培《さいばい》などもあり、温暖《おんだん》な地域《ちいき》からの入荷もある。

資料３　静岡県、茨城県、長野県の主なレタス産地の気温と降水量のグラフ

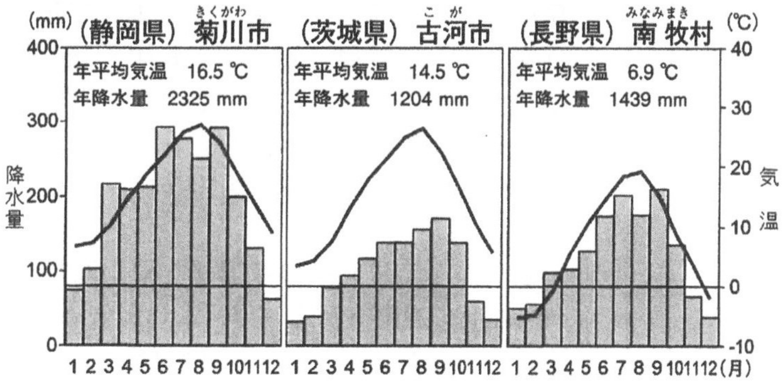

気象庁《きしょうちょう》ＨＰより作成

※問題は次のページにもあります。

問二　ひかるさんがまとめた「江戸時代の人々の生活」を読んで、①～④の問題に答えましょう。

① **ひかるさんのまとめ**の（ **ア** ）にあてはまるしくみを漢字三字で書きましょう。

② **資料4**のように江戸時代の米の生産高が増加した理由を、**資料5**・**資料6**を見て、**ひかるさんのまとめ**の（ **イ** ）にあてはまるように三〇字以上四〇字以内で書きましょう。

③ **ひかるさんのまとめ**の（ **ウ** ）にあてはまる人物名を書きましょう。

④ **資料7**は「東海道《とうかいどう》五十三次《ごじゅうさんつぎ》」に描《えが》かれた風景の一つであり、**資料8**は東海道（一部）をあらわしたものです。**資料7**の浮世絵《うきよえ》は、**資料8**の東海道の途中で富士山と馬入川《ばにゅうがわ》が描かれたものです。**資料7**の浮世絵は、馬入川の東側・西側どちら側から描かれたものですか、あなたがそのように考えた理由とともに三五字以上四五字以内で書きましょう。

ひかるさんのまとめ

【江戸時代の人々の生活】

江戸時代の人口の８０％以上は、百姓《ひゃくしょう》でしめられていました。百姓たちは、米をはじめとする農産物をつくり、収穫《しゅうかく》の半分にもなる重い年貢《ねんぐ》を幕府《ばくふ》や藩《はん》に納《おさ》めていました。幕府や藩は（　ア　）というしくみをつくり、百姓に連帯責任を負わせることで、確実に年貢を納めさせようとしました。

資料4を見ると、江戸時代の米の生産高が増加していることが分かります。これは、（　　　イ　　　）からだと考えられます。

生産高が増え、人々の生活が安定すると、百姓や町人の中にも学問や文化を楽しむ余裕《よゆう》が生まれました。江戸時代の中ごろから歌舞伎《かぶき》や浮世絵が百姓や町人の間では人気になりました。「東海道《とうかいどう》五十三次《ごじゅうさんつぎ》」を描いた（　ウ　）は、江戸時代の有名な浮世絵師です。

資料4　米の生産高の変化

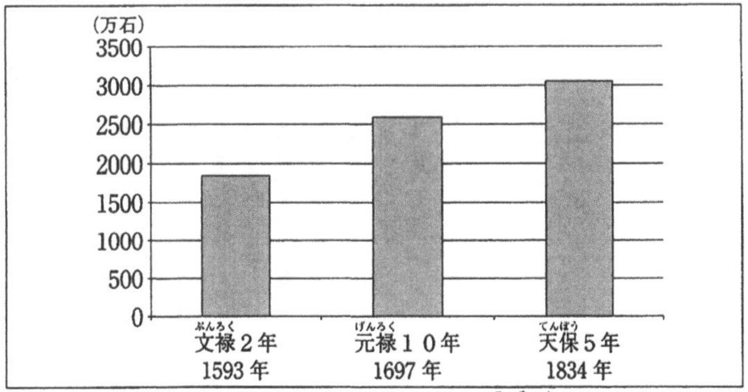

「大日本租税志《そぜいし》」などより作成

※問題は次のページにもあります。

資料５　田畑面積の変化

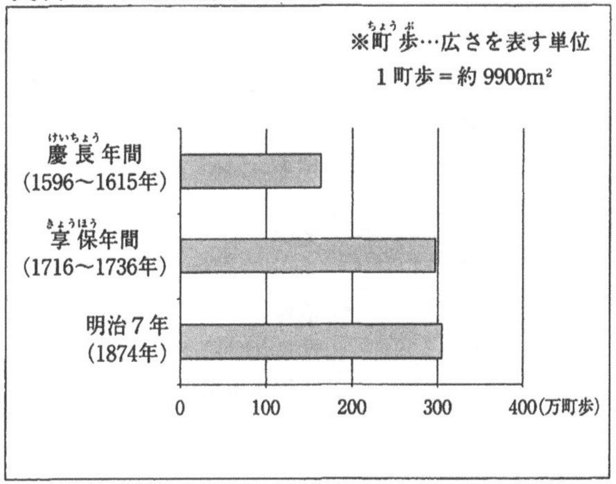

「日本資料集成」より作成

資料６　江戸時代の中ごろから使われるようになった農具

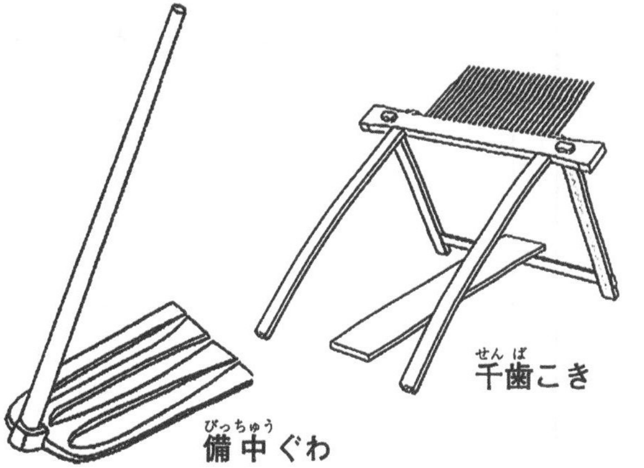

備中ぐわは、田を耕すのに使います。それまでのくわより深く掘《ほ》り返すことができます。

千歯こきは、稲《いな》穂《ほ》から米を落とす（脱《だっ》穀《こく》）ための道具です。それまでより効率がよくなりました。

資料７　馬入川《ばにゅうがわ》を描いた浮世絵

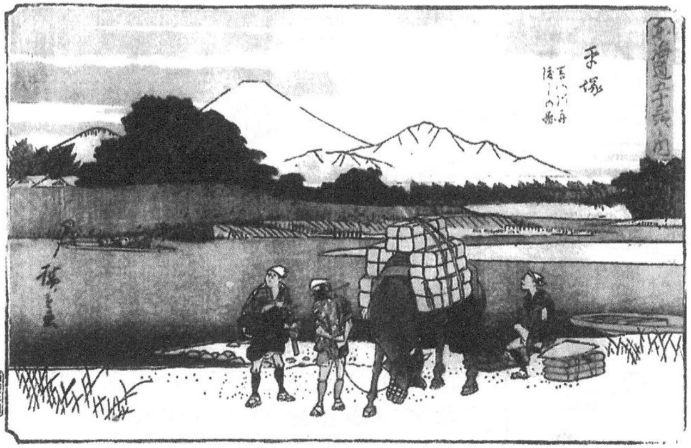

資料８　東海道の地図（一部）

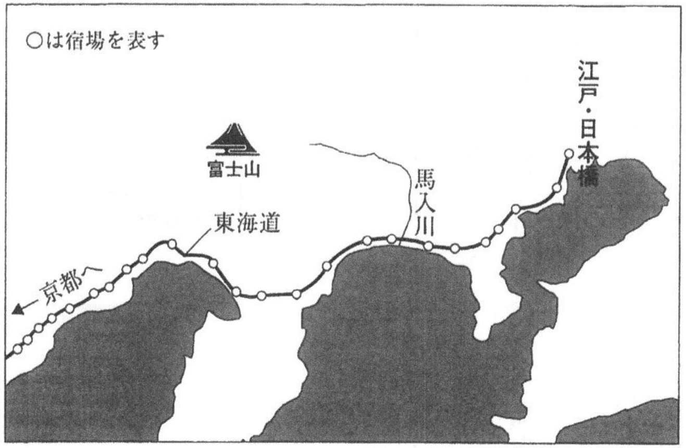

問三　ひかるさんは、日本で開催《かいさい》されたラグビーワールドカップについて調べたところ、多くの会場の周辺で、「パークアンドライド」という方式がとられていたことを知りました。「パークアンドライド」とは、**資料９**のように「出発地からは自動車を利用し、途《と》中《ちゅう》で電車やバスなどに乗り換《か》えて目的地まで移動する方式」のことです。パークアンドライドを実施《じっし》することで、会場周辺の交通渋滞《じゅうたい》をやわらげる他に、どのような良い点がありますか。**資料10**を見て、「環境《かんきょう》」という言葉を使って六〇字以上八〇字以内で書きましょう。

資料９　パークアンドライドのしくみの例

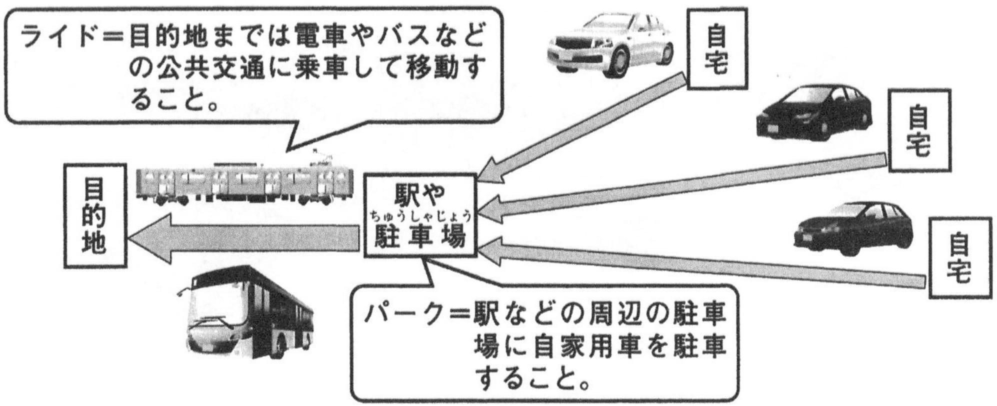

資料10　人ひとりを１km 運ぶことで排出される二酸化炭素の量

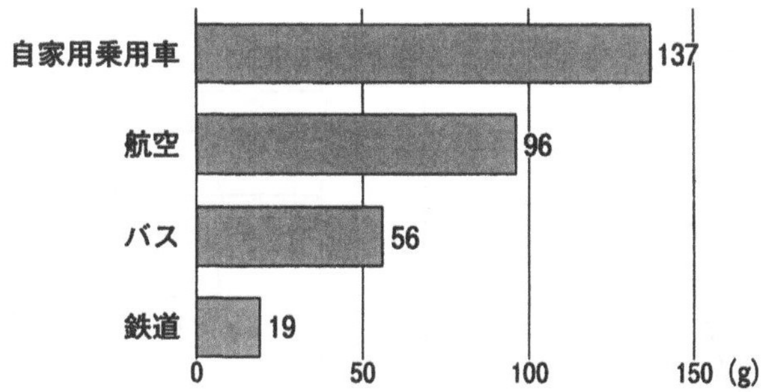

国土交通省ＨＰより作成

二

次のひかるさんと留学生のボブさんの会話を読んで、あとの問一～問三に答えましょう。

ボ　ブ：ひかるは朝早く起きることは得意《とくい》ですか。
ひかる：はい、得意です。ボブ、あなたはどうですか。
ボ　ブ：わたしはとても苦手です。ひかるは、朝早く起きて何をしていますか。
ひかる：朝の時間は趣味《しゅみ》に使っています。
英語では “hobby” ですね。走ったり絵を描《か》いたりしています。
ボ　ブ：That’s nice. すばらしい過ごし方ですね。
「趣味」とローマ字で書いてください。
ひかる：［　①　］と書きます。
ボ　ブ：英語では “The early bird catches the worm.” ということわざがあります。
ひかる：それを日本語に訳《やく》すと「早起きの鳥は虫を捕《つか》まえる。」となりますね。
早く起きることは良いことだということわざですね。
日本語では同じような意味で、［　②　］ということわざがあります。
ボ　ブ：日本語のことわざを覚えるのは本当に楽しいです。
ひかる：ボブはいつも日本語の勉強に熱心ですね。まさに「好きこそものの上手なれ」ですね。
ボ　ブ：それも日本語のことわざですね。そのことわざの意味を教えてください。
ひかる：それは、［　③　］という意味です。
ボ　ブ：なるほど。もっと日本語の勉強をがんばります。
ひかる：わたしも英語の勉強をがんばります。

問一　［　①　］に、「しゅみ」と**ローマ字**で書きましょう。ただし、最初の文字は**大文字**、残りの文字は**小文字**で書きましょう。解答用紙にある四本線を使って書きましょう。

問二　［　②　］にあてはまることわざを、日本語で書きましょう。

問三　［　③　］に「好きこそものの上手なれ」の意味を「という意味です。」につながるように二〇字以上三五字以内で書きましょう。

※問題は次のページにもあります。

三 次の文章を読み、あとの問一～問四に答えましょう。

駅のかいさつで、奈々《なな》は理子《りこ》とユキに見おくられた。ふたりとも「またきてね」と手をふる。

離《はな》れてふりかえっても、まだ小さい手がひらひらとゆれている。それを見たら泣きそうになって、①奈々はわざと足をどしどしふみならし、駅のかいだんをかけのぼった。

連絡《れんらく》橋から山が見えた。山がちかいこの町がすきだった。でも二か月前、もうすぐ四年生という冬にここを離れた。奈々はさびしかった。うつった街に山はないし、転校先には理子もユキもいないのだから。

寒い春で、ホームに立つと足もとから冷えてくる。この日のために買った春物のスカートは生地《きじ》がうすくて、ももがスースーした。

——あ、チョウチョ。

目の前にチョウがいた。白いチョウが三びき、渦《うず》をまくようにとんでいた。まるでとうめいな糸でつながっているみたいになかよく、くるくると。

ホームに電車が入り、奈々はのりこんでドアの横に立った。するとチョウの中の一ぴきが、奈々のあとをおうように、電車の中にまよいこんできた。

二ひきはまだホームの上をとんでいるのに。

乗ったらだめだよ。ともだちと離れ離れになっちゃうよ。奈々は声を出さずによびかけた。

しかしチョウはしらぬふりで奥《おく》にむかう。ドアがしまり、電車は動きだした。

日曜の夕方、上り電車は人もまばらだ。チョウはガラス窓《まど》のそばを自由にとびまわる。

チョウのうしろに山が見え、町が見えた。

奈々はぼんやりと今日のことを思い出した。理子とユキは、あいかわらず元気だったな。新任の先生の話の時は、ふたりともなみだが出るほど笑っていたっけ。でも、しらない話だったから、あたしはニコニコときいているしかなかったけれど。

電車で三十分の距離《きょり》だとパパはいった。だからともだちにもあいにいけると。でも奈々には、②来るたびに少しずつ距離がのびていく気がした。

上り電車からの景色はビルがふえ、建物の窓にうつる夕陽《ゆうひ》が、ぎらぎらと目をさす。

奈々は窓から目をそらした。するとチョウがドアのそばにいるのに気づいた。

もうすぐつぎの駅だ。

にがそう。まだもどれるかもしれないから。

ドアが開いた。今だ、早く出て。

チョウをおいたてた。ところが何人かの人がかたまって乗ってきて、チョウは奥におしもどされてしまった。またドアがしまり、電車は発車した。

天井《てんじょう》をふらふらとチョウはとぶ。かべもつり革《かわ》も網棚《あみだな》も、つるつるしてとまれそうもない。

ずっととびつづけていられるのかな。力つきたら落ちるのかな。落ちたらふまれてしまうのかな。

そうぞうすると、胸《むね》がいたくなった。

「あ、チョウチョ」

だれかが気づいて指さした。人々の頭の上をチョウはとび、みんなが見まもった。

その時、連結ドアをいきおいよくガシャンとあけて、となりの車両からスカートをゆらした女の子がうつってきた。

奈々は、あれ、と思った。クラスはちがうけれど、転校先の同学年の子だ。塾《じゅく》のバッグを手にしている。その子も足をふんばって、口をあけて天井のチョウを見あげた。

もうつぎの駅につく。公園の横にある駅舎で、線路の外は黄色い菜の花でいっぱいだった。

③ここだ、ここならチョウも生きていける。新しいともだちだってきっとできる。

奈々は手をのばしてチョウをおいたてた。するとと女の子が用紙をはさんだファイルを、チョウにむけてブンブンふりまわしはじめた。風を送ってにがそうとしているのだ。

それを見て、ほかの乗客たちもみんな、新聞紙や本やカバンを大きく上下させて風を送った。たくさんの人が、ドアの方にチョウを送り出そうと、色んなものをけんめいにパタパタやった。

ドアが開いた。

いっぱいの花の黄色が奈々の目にとびこんできた時に、チョウがぱらんと外に出た。舞《ま》う羽が、奈々にはサヨナラとふられた小さい手のように思えたけれど、それも一瞬《いっしゅん》ですぐにきえて見えなくなった。

電車の中のあちこちで、ほっと小さなため息がもれた。奈々は急にはずかしくなり、うつむいて座席《ざせき》に腰《こし》をおろした。女の子もあいていた右どなりにすとんとすわった。

となりで女の子がごそごそとバッグにおしこむファイルが、奈々の目にとまった。赤いバツ印でにぎやかな、テスト用紙がはさまれていた。

悪いような気がして、あわてて顔をあげたら、女の子と視線《しせん》が合ってしまった。その子はちょろりと舌を見せて笑い、奈々もつられて笑った。

せまい座席でふたりのスカートはくっつきあう。④奈々の冷えきっていたものの右がわが、じんわりとぬくもっていった。

（「チョウチョの電車」安東みきえ著『飛ぶ教室　第57号』
光村図書出版所収より　一部省略がある。）

※問題は次のページにもあります。

問一　——線部①とありますが、奈々はなぜそのような行動をとったのですか。「からです。」という言葉で終わるように、三五字以上四五字以内で書きましょう。

問二　——線部②とありますが、これはどのようなことを表していますか。「ということです。」という言葉で終わるように、四〇字以上五〇字以内で書きましょう。

問三　——線部③とありますが、奈々はなぜそのように考えたのですか。「からです。」という言葉で終わるように、一五字以上二五字以内で書きましょう。

問四　——線部④とありますが、このときの奈々はどのような予感がしましたか。「予感がしました。」という言葉で終わるように、二〇字以上三〇字以内で書きましょう。

四　次の文章を読み、あとの問一～問四に答えましょう。

独学する心は、学問や読書にだけあるのではもちろんない。およそ人が生きるために学ぶ行為《こうい》の中では、いつも必要とされているものではないだろうか。例えば、私が去年知り合った大工さんは独学の*権化《ごんげ》のような人だ。自分の家を改築したときに、この人に来てもらった。歳《とし》は当時六五歳《さい》だった。名前は高橋茂さん、大工としての腕もとびきりだが、生きる姿もすばらしい。

高橋さんが子どもだった頃は*集団就職《しゅうだんしゅうしょく》の全盛期《ぜんせいき》。この人は中学卒業後に埼玉へ出て、大工の親方に弟子入りをした。そこで一番つらかったのは、「自分が何をすればいいか、だれも言ってくれなかったこと」だったそうだ。作業現場に行っても、指示がこない。親方の仕事を後ろから見ていると「仕事の邪魔《じゃま》だ」とか「ぼーっとしているな」などと怒鳴《どな》られる。働きに出て、何をしたらいいかわからないほどつらいことはない。中学を出て親元から離《はな》れたばかりの子どもだから、さぞつらかっただろう。

でも、現場にしばらく通っていくうちに、自分が何をすればいいのかが段々《だんだん》とわかってきた。そうすると、親方と自分の差というものが、おのずと見えてくる。親方の*鉋《かんな》から出る削《けず》り屑《くず》を見て、びっくりする。「どうやったらこんな具合に削れるんだろうか」と考える。夜、皆の仕事が終わり、後片付《あとかたづ》けもすませてから、一人で鉋を手に取って不要な木材を削ってみる。見よう見まねだ。①そうするうちに仕事がだんだんとおもしろくなってきたという。*奉公《ほうこう》に入ってから一年くらいでそうなった。大した進歩、大した教育じゃないか。

ここで君たちに考えてもらいたいのは、②なぜ、親方は高橋さんに何も教えなかったのか？　ということである。もちろん、意地悪をしているのでも、技術を隠《かく》しているわけでもない。口で教えることで死んでしまう技が大工の技だからだ。言葉で教えられたものは、すぐに忘れてしまう。それはただの知識だから。自分の体を使って発見したものは忘れない。そういうものは知識じゃなく、身についた自分の技になっている。

人間の体は、手も足も一人ひとり違う。大工が木を削るにしても、そのときの感覚、高橋さんの言葉では「勘《かん》」は、人によって異《こと》なる。木と体と鉋、この三つの間にできる関係は、一〇〇人いたら一〇〇とおりある。これを口先で教える方法は絶対にない。これは職人ならだれでも知っていることだろう。だから各々《おのおの》が独自に身につける必要がある。自分なりにあれこれと取り組んでみて、わかる以外にはない。それから大工というものは、自分の扱《あつか》う木がどう育ってきて、これからどういうふうに変化するか、どう反って、どう縮《ちぢ》むか、木を持っただけでじかに感じられるようになる。でないと、生きたいくつもの木をどう組み合わせたらいいかはわからない。

ところが、電気鉋しか使わない現代の大工さんは、もうそうした感覚を失っている。感覚なしでも、機械が全部やってくれるから。それから*無垢《むく》の木を扱うことがほとんどなくなった。工業製品の合板は、死んでいて、変化しない。部品として組み立てるだけでいい。これじゃ、③木を読むなんて技が育つわけがない。鉋をかける技もなく、木を

※問題は次のページにもあります。

読むことのできない大工は、高橋さんのような職人からするともう大工とは言えない。

もちろん、これは大工の世界に限らない。近代以降《いこう》、人間が自然を相手に身につけてきた大切な技はどんどん失われてきた。私たちは、機械の便利さに慣れきって、身ひとつの「勘」でしか磨《みが》かれない技を持てなくなってきている。独学する心は、ここでも失われてしまった。

（「独学する心」前田英樹著『何のために「学ぶ」のか』
ちくまプリマー新書所収より　一部省略がある。）

＊権化《ごんげ》……抽象《ちゅうしょう》的なものが形になって現れたと思われるようなもの。化《け》身《しん》。

＊集団就職《しゅうだんしゅうしょく》……地方の中学・高校の卒業生が、都市の企業に集団で就職すること。

＊鉋《かんな》……大工道具の一種で、材木の表面を削る目的で使われるもの。

＊奉公《ほうこう》……ここでは、特定の家に住み込んで働くことを指す。

＊無垢《むく》の木……ここでは、丸太から切り出したままの天然の木材。

問一　——線部①とありますが、高橋さんは何をすることで、仕事がおもしろく感じるようになりましたか。次の文の空らんに、四〇字以上五〇字以内で書きましょう。

高橋さんは働きに出て、何をしたらいいのかわからなかったが、［　　　　］ことで、仕事がおもしろく感じるようになりました。

問二　——線部②とありますが、親方は大工の技についてどのようなものだと考えていると思われますか。次の文の空らんに、二〇字以上三〇字以内で書きましょう。

［　　　　］ものです。

問三　――線部③とありますが、これはどのような感覚ですか。次の文の空らんに、「感覚」という言葉を使って、一〇字以上二〇字以内で書きましょう。

［　　　　　　　　　　］のことです。

問四　あなたが伊奈学園中学校で学習するときに、どのような姿勢で取り組んでいきたいですか。次の（注意）にしたがって書きましょう。

（注意）

○　題名、氏名は書かずに、一行目から本文を書きましょう。

○　作文は、二段落で書きましょう。

○　文章中の内容に関連させて、どのような姿勢で学習に取り組むかを書き、その理由も書きましょう。

○　自分が体験したり、聞いたりしたことを書きましょう。

○　作文は、八行以上一〇行以内で書きましょう。

※以上で問題は終わりです。

【作

令和２年度　入学者選考問題

作　文　Ⅱ

受験番号	

（注意）

○ 受験番号を、問題用紙と解答用紙（１枚目その１、その２）、（２枚目その１、その２）の全部で５か所に書きましょう。

○ 問題用紙は、全部で１０ページあります。問題用紙の空いている場所は、下書きや計算などに使用してもかまいません。

○ 解答用紙は「横書き」です。

○ 時間は、５０分間です。

○ （解答記入上の注意）があるので、試験開始後、よく読みましょう。

令和２年度　入学者選考　解答用紙

作文Ⅱ

解答記入上の注意

（解答記入上の注意）

○ 解答らんに線が引いていないものは、解答らんにおさまるように書きましょう。

○ 記号、ひらがな、カタカナ、漢字、数字は１字として書きましょう。

○ 分数は１字として書きましょう。

○ 「ｃｍ」「ｋｍ」「m^2」は２字、「cm^2」は３字として書きましょう。

○ 「、」や「。」「．（小数点）」も１字として書きましょう。
　ただし、「、」や「。」がその行の最後にきたときは、最後のます目に入れましょう。
　また、段落《だんらく》分けや改行はせず、続けて書きましょう。

〈記入例〉

㋐の面積は、$9\times\frac{10}{3}\div 4=7.5$（$cm^2$）なので、全体の面積は、$11.5cm^2$です。

㋐	の	面	積	は	、	９	×	$\frac{10}{3}$	÷	４	＝	７	．	５	（	ｃ	ｍ	２	）
な	の	で	、	全	体	の	面	積	は	、	１	１	．	５	ｃ	ｍ	２	で	す。

ゆうきさんとひかるさんは、同じ小学校に通う友だちです。
次の **[問１]** ～ **[問５]** に答えましょう。

[問１]　ゆうきさんとひかるさんは、休み時間に競泳について話しています。

ゆうきさん「競泳選手は５０ｍプールをどのくらいの速さで泳いでいるのかな。」
ひかるさん「５０ｍを２０．９秒で泳いだ記録があるよ。この記録から速さを求められるかな。」

（１）５０ｍを２０．９秒で泳いだとき、その速さはおよそ秒速何ｍか、四捨五入《ししゃごにゅう》して $\frac{1}{100}$ の位までのがい数で求めましょう。

ひかるさん「競泳には２００ｍ個人メドレーという、バタフライ・背泳ぎ・平泳ぎ・自由形の４種類を、順にそれぞれ５０ｍずつ泳ぐ種目もあるみたいだよ。」
ゆうきさん「ここに２００ｍ個人メドレーを３分３０秒で泳いだ記録があるね。それぞれの泳ぎ方の速さの記録もあるけどやぶれてしまっているよ。」
ひかるさん「やぶれている部分の平泳ぎの速さは求められるかな。」

表１

泳ぎ方	バタフライ	背泳ぎ	平泳ぎ	自由形
速さ	秒速１．２５ｍ	秒速１ｍ		秒速１．２５ｍ

（２）２００ｍ個人メドレーの記録が３分３０秒でした。**表１**はそれぞれの泳ぎ方の速さを記録したものですが、一部やぶれてしまいました。やぶれている部分の平泳ぎの速さは秒速何ｍか、求めましょう。また、求める過程も書きましょう。ただし、どの種目も５０ｍずつ一定の速さで泳ぐものとし、ターンの時間は考えません。（字数の制限はありません。）

ひかるさん「平泳ぎと自由形の２種類だけで２人で競争したらどうなるかな。」
ゆうきさん「２人のそれぞれの泳ぎ方の速さの記録をみると、途中ですれ違いそうだね。」

（3）全長５０ｍのプールで２人が同時にスタートし平泳ぎで５０ｍを泳いだあと、折り返して自由形で５０ｍを泳ぎます。２人が５０ｍを**表２**の記録で泳ぐとき、２人がすれ違うのはスタートしてから何分何秒後か求めましょう。また、求める過程も書きましょう。ただし、２人の泳ぐ速さは一定とし、ターンの時間は考えません。（字数の制限はありません。）

表２

	ひかるさん	ゆうきさん
平泳ぎ	１分２２秒	１分４０秒
自由形	１分２０秒	１分

※問題は次のページにもあります。

［問２］　ゆうきさんとひかるさんは、富士山の高さについて話しています。

ゆうきさん「先月、家族で富士山に登ってきたよ。標高は３７７６ｍもあるんだね。」
ひかるさん「すごい高さだね。富士山って、地球の大きさをもとに考えても高い山といえるのかな。」
ゆうきさん「地球の大きさと比べるとイメージできそうだね。そもそも地球はどれだけ大きいのかな。なにか調べられるものはないかな。」
ひかるさん「社会科で使っている世界地図を使って、地球の大きさを求められないかな。」

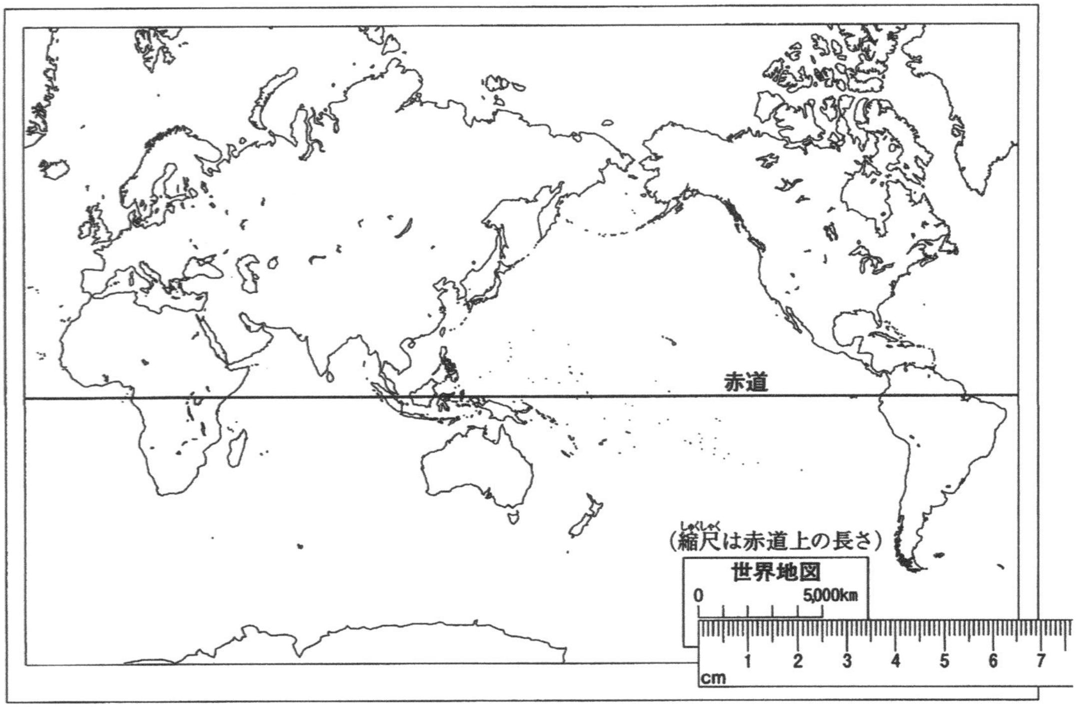

（１）ゆうきさんは、上の図のように、世界地図の一部にものさしをあてています。また、この世界地図は、右はしと左はしがちょうど同じ位置を表すようにできていて、この世界地図上で赤道の長さをはかると２０．５ｃｍありました。この世界地図をもとにして考えると、実際の地球の直径はおよそ何ｋｍですか。千の位までのがい数で求めましょう。ただし、世界地図上の縮《しゅく》尺《しゃく》は赤道上の縮尺であるものとし、円周率は３．１４とします。

令和二年度　入学者選考　解答用紙

作文Ⅰ　一枚目　その2

受験番号

一

（解答記入上の注意）

○ 問一は、四本線を使って書きましょう。

○ 問三は、一ます目から書き始めましょう。

問一

問二　2点

問三　2点

という意味です。

二

（解答記入上の注意）

○ 問一～問四は、一ます目から書き始めましょう。

問一

からです。

問二

ということです。

問三

からです。

問四

予感がしました。

令和二年度　入学者選考　解答用紙

作文Ⅰ　二枚目　その2

四

問四

8行

受験番号

令和２年度　入学者選考　解答用紙　【作文Ⅱ】　１枚目　その２

受験番号	

［問２］（１）答え　およそ　km　２点

（２）理由　４点

［問３］（１）方法（８０字）　３点

（２）答え　秒　２点

理由（８０字）　３点

（３）方法（６０字）　３点

令和２年度　入学者選考　解答用紙　【作文Ⅱ】　２枚目　その１

受験番号	

[問４]（１）答え　　　　　通り　２点

（２）答え　　　　　通り　１点

理由（１００字）２点

（３）答え　　　　　１点

理由　３点

令和２年度　入学者選考　解答用紙　【作文Ⅱ】　２枚目　その２

受験番号	

[問5]（1）理由（１００字）３点

（2）説明（６０字）３点

（3）月の形の図
２点

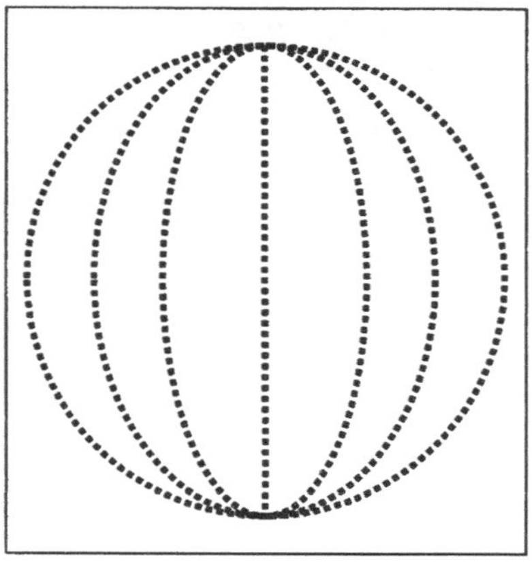

理由（４０字）３点

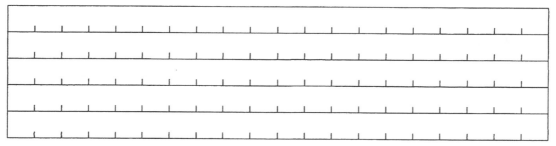

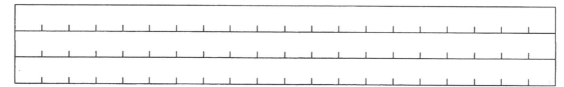

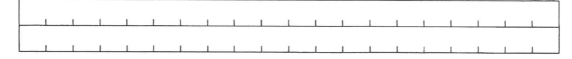

令和２年度　入学者選考　解答用紙　【作文Ⅱ】　１枚目　その１

※50点満点

受験番号	

［問１］（１）答え　およそ　秒速　　m　２点

（２）答え　秒速　　m　２点

求める過程　３点

（３）答え　　分　　秒後　２点

求める過程　４点

令和二年度　入学者選考　解答用紙

作文Ⅰ　二枚目　その1

受験番号

四

（解答記入上の注意）

○ 問一～問三は、一ます目から書き始めましょう。

○ 問四は、原こう用紙の正しい使い方で書きましょう。

問一　4点

高橋さんは働きに出て、何をしたらいいのかわからなかったが、

（解答欄）

ことで、仕事がおもしろく感じるようになりました。

問二　2点

（解答欄）

ものです。

問三　2点

（解答欄）

のことです。

令和二年度　入学者選考　解答用紙

作文Ⅰ　一枚目　その１

※50点満点

受験番号

一

（解答記入上の注意）

○　問一～問三は、一ます目から書き始めましょう。

問一（3点）

問二
①（2点）
②（2点）　これは、　　　からだと考えられます。
③（2点）
④（3点）

問三（4点）

【解答

ゆうきさん「富士山は高いけど、地球の大きさをもとに考えるとあまり高いとはいえないのかな。」

ひかるさん「きっとそんなことはないよ。たとえば、テーマパークにあるような大きな地《ち》球《きゅう》儀《ぎ》に粘土《ねんど》で富士山の模型《もけい》をつけたら、目立つような高さになると思うよ。」

ゆうきさん「立体地球儀か。それはおもしろいね。」

ひかるさん「あるテーマパークに置いてある地球儀は、直径が６ｍ５０ｃｍだそうだよ。富士山の高さを４０００ｍと考えると、どれくらいの高さで富士山の模型をつくったらよいかな。」

（２）２人はこのあと立体地球儀につける富士山の模型の高さを計算して、「富士山は、地球の大きさをもとにして考えてみると、高い山だといえない。」と判断しました。このように判断した理由を、地球の直径と富士山の高さの関係に注目して書きましょう。（字数の制限はありません。）

※問題は次のページにもあります。

［問３］　ゆうきさんとひかるさんはふりこ時計を見て、１秒間に１往復していることに気が付きました。

ゆうきさん「ふりこ時計のふりこが、１往復する時間は何によって変わるのかな。」
ひかるさん「ふりこの糸の長さやおもりの重さを変えて、実験で確かめられるよ。」
ゆうきさん「そうだね。まずは糸の長さを変えてやってみよう。ふりこの１往復する時間を正確にはかるには、どのようにすればよかったかな。」
ひかるさん「先生が授業で教えてくれたやり方でやってみよう。」

２人は、ふりこについて調べるため、６０ｇのおもりと糸を使って実験を行いました。下の表は、ふりこの糸の長さを変えて１往復するのにかかった時間を表しています。

ふりこの長さ	10cm	20cm	30cm	40cm	50cm
1往復する時間	0.63秒	0.90秒	1.09秒	1.26秒	1.42秒
ふりこの長さ	60cm	70cm	80cm	90cm	100cm
1往復する時間	1.56秒	1.67秒	1.79秒	1.90秒	2.00秒

（１）ふりこの１往復する時間を正確にはかるには、どのような方法で行えばよいか８０字以内で書きましょう。

（２）ふりこの長さが２０ｃｍのときに、おもりの重さを１２０ｇに変え、ふりこのふれはばを２倍の大きさに変えて実験をしました。このとき、ふりこが１往復する時間は何秒になるかを答えましょう。また、その理由を８０字以内で書きましょう。

（3）ゆうきさんは次の**あ**～**う**のような方法で、おもりの個数を変えて、実験をしようとしました。しかし先生から、「この方法では適切な結果を集めることができない。」と教えてもらいました。どのような方法に変えればよいのか６０字以内で書きましょう。

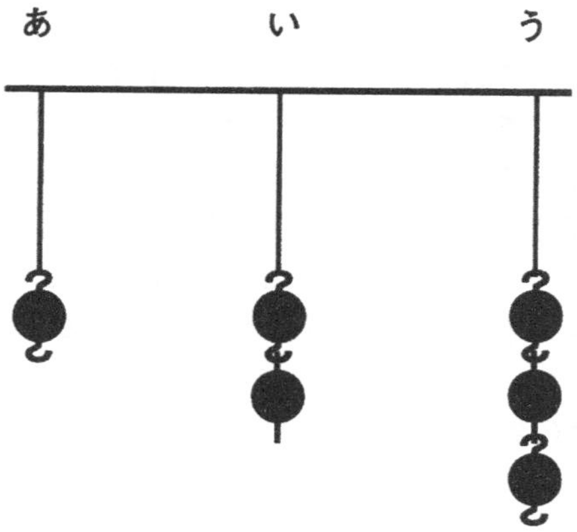

※問題は次のページにもあります。

［問４］　ゆうきさんとひかるさんは、数あてゲームをしようとしています。

数あてゲームの流れ

① それぞれが１から９までの数字が書かれた９枚のカードのうち２枚を選び、２けたの数字を作ります。

② おたがいに相手の２けたの数字を予想して言います。

③ 相手の予想と自分の数字を比べ、数字と位が合っている個数を○（まる）、数字は合っているが位は合っていない個数を△（さんかく）で伝えます。
例えば、２けたの数字を「１７」と作ります。相手が「８７」と言ったら、一の位に７があるので「○１△０」と伝えます。また、２けたの数字を「８４」と作ります。相手が「４８」と言ったら、十の位の８が一の位に、一の位の４が十の位にあるので「○０△２」と伝えます。

④ これを繰り返し、相手の数字を先に言い当てたら勝ちとなります。

（1）このゲームで作られる２けたの数字は何通りあるのか求めましょう。

ゆうきさんは、ひかるさんの作った数字を当てるために、２人のやりとりを表にまとめました。

	1回目	2回目	3回目
予　想	56	78	21
○と△	○0△0	○0△0	○0△0

ゆうきさん「ひかるさんの数字がわかってきたよ。」

（2）ゆうきさんは３回目までの予想でひかるさんの作った数字を何通りかにしぼりました。何通りにしぼったのかを答えましょう。また、そのように答えた理由を１００字以内で書きましょう。

ひかるさんは、ゆうきさんの作った数字を当てるために、２人のやりとりを表にまとめました。

	1回目	2回目	3回目
予　想	15	25	98
○と△	○1△0	○0△0	○0△1

ひかるさん「こっちはゆうきさんの数字がわかったよ。」

（３）ひかるさんは３回目までの予想でゆうきさんの作った２けたの数字がわかりました。ゆうきさんの作った数字を答えましょう。また、そのように答えた理由を書きましょう。（字数の制限はありません。）

※問題は次のページにもあります。

［問５］　ゆうきさんとひかるさんは図書室で俳句《はいく》について調べています。

ゆうきさん「松尾芭蕉《まつおばしょう》はたくさんの俳句をよんでいるね。」
ひかるさん「そうだね。中には月に関する俳句がいくつもあるね。」
ゆうきさん「“明けゆくや二十七夜《にじゅうしちや》も三日《みか》の月《つき》”という俳句は、月の形についてよんでいるよ。」
ひかるさん「三日の月とは三日月のことで、夜明けの空に見える二十七夜の月と夕方に見える三日月は、どちらも月の形が似ているという意味みたいだね。でもどうして月は形を変えるのかな。」

（１）地球から見た月が日によって形を変えたように見えるのはどうしてですか。その理由を１００字以内で書きましょう。

ひかるさん「二十七夜の月と三日月、どちらも満月のときと比べると形が欠けて見えるね。」
ゆうきさん「そうだね。それから月の形によって、夜の間に見ることができる時間の長さも変わってくるみたいだよ。」
ひかるさん「そうなんだ。月の形が欠けているときと欠けていないときでは、どちらの方が長い時間見ることができるのかな。」

（２）日の入りから日の出を夜としたとき、月の形とその月を夜に見ることができる時間の長さにはどのような関係があると考えますか。その関係を６０字以内で書きましょう。

ゆうきさん「ひかるさん、与謝蕪村《よさぶそん》は“菜の花や月は東に日は西に”という俳句をよんでいるよ。」
ひかるさん「この俳句は月や太陽の方角については書いているけれど、月の形については書いていないね。」
ゆうきさん「そうだね。月が見えた時間とそのときの方角がわかれば、形を知ることはできるよ。」
ひかるさん「そうなんだ。じゃあ与謝蕪村がこの俳句をよんだときの月の形はどんな形だったのかな。」

（３）“菜の花や月は東に日は西に”という俳句によまれた月の形を解答用紙の図の点線を利用してかきましょう。また、そのように考えた理由を４０字以内で書きましょう。

※以上で問題は終わりです。

伊奈学園中学校

平成三一年度　入学者選考問題

作文Ⅰ

受験番号

（注意）

○受験番号を、問題用紙と解答用紙（一枚目その1、その2）、（二枚目その1、その2）の全部で五か所に書きましょう。

○問題用紙は、全部で一一ページあります。

○時間は、五〇分間です。

○解答用紙に、（解答記入上の注意）があるので、試験開始後、よく読みましょう。

2019(H31) 伊奈学園中
教英出版

一　次の問一～問四に答えましょう。

問一　日本の工業に関する次の**資料1**、**資料2**を見て、①、②の問題に答えましょう。

①　**資料1**の＿＿＿は、**工業がさかんな地域《ちいき》**を示しています。関東地方の南部から九州地方の北部にかけての海岸沿《ぞ》いに広がるこの地域を何というか書きましょう。

②　日本では工業がさかんな地域が海岸沿いに広がっています。その理由を、**資料2**を見て、三〇字以上五〇字以内で書きましょう。

資料１　日本の工業がさかんな地域

資料２　主な原料や燃料の輸入の割合《わりあい》

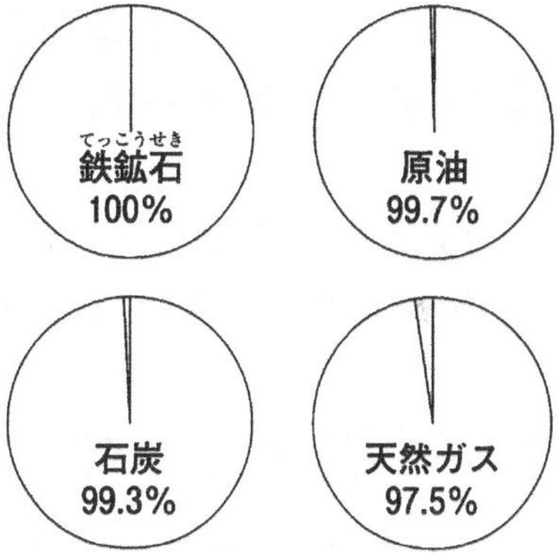

資源エネルギー庁《ちょう》資料（2015年）などより作成

※問題は次のページにもあります。

2019(H31) 伊奈学園中
教英出版

問二　**資料3は、ゆうきさんがまとめた「わたしの情報活用の約束」**です。ここに書かれているア〜オの中には内容として適切ではないものが一つ含《ふく》まれています。それを選び、ア〜オの記号で書きましょう。また、なぜ**適切でない**のか、その理由を二〇字以上四〇字以内で書きましょう。

資料3　ゆうきさんがまとめた「わたしの情報活用の約束」

〜　わたしの情報活用の約束　〜

ア　住所や名前、電話番号などの個人情報のあつかいにじゅうぶん気をつけます。

イ　パスワードはむやみに他人に教えないようにします。

ウ　他の人がかいた文章や絵、撮《と》った写真は、著作権《ちょさくけん》に注意してあつかいます。

エ　人を傷《きず》つけたり、いやな気持ちにさせたりするような発信はしません。

オ　インターネットの情報は正確なので、必要な情報は全てインターネットで集めます。

問三　**資料４**は平安時代の阿波国《あわのくに》（現在の徳島県）のある地域《ちいき》の戸籍《こせき》をまとめたものです。また、**資料５**は当時の律令《りつりょう》で定められていた、人々の負担《ふたん》を表したものです。**資料４**は、男女の人数が実際とは異《こと》なると考えられています。当時の人は、なぜ戸籍をいつわって登録したのでしょうか、その理由を、**資料５**を見て、一〇字以上二〇字以内で書きましょう。

資料４　阿波国のある地域の戸籍

人口４３５人（男子：５９人　女子：３７６人）

資料５　律令による人々の負担

税の種類	男子	女子
租《そ》	稲《いね》を納《おさ》める（収穫高《しゅうかくだか》の約３％）	稲を納める（収穫高の約３％）
調	絹《きぬ》、糸、特産物などを納める	なし
庸《よう》	１０日間都で働くか布を納める	なし
雑徭《ぞうよう》	地元で土木工事をする	なし

※問題は次のページにもあります。

問四　太平洋戦争中の人々の生活について、①、②の問題に答えましょう。

①　**資料6**は何をしているところですか。**資料6**の□に入るこの絵の説明を、**資料7**を見て、「農村」と「都市」という言葉を使って、四〇字以上六〇字以内で書きましょう。

②　太平洋戦争中、**資料8**のように女子生徒が学校で学ぶのではなく、工場で働いたのはどうしてですか。**資料9**を見て、「労働力」という言葉を使って、二五字以上三五字以内で書きましょう。

資料6

明治図書「社会の学習」より

資料7　空襲《くうしゅう》を受けたおもな都市とその被害

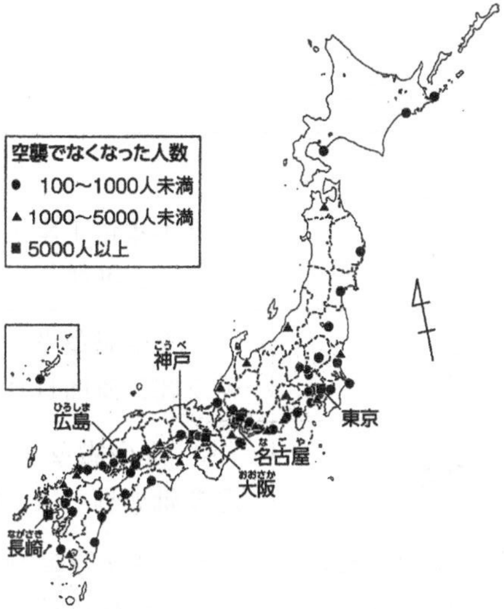

資料8　工場で働く女子生徒

資料9　陸海軍の兵士数の移りかわり

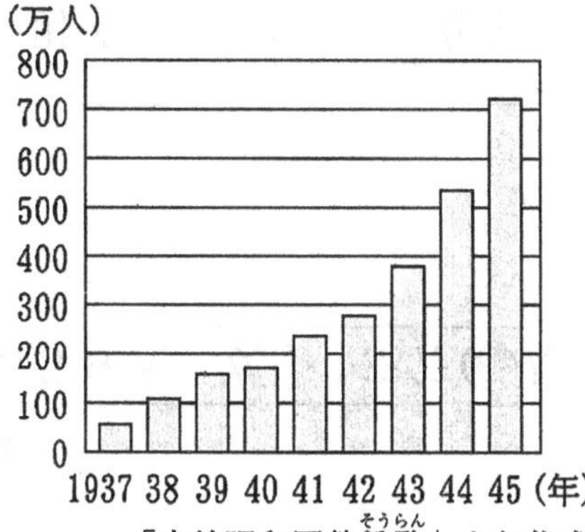

「完結昭和国勢総覧《そうらん》」より作成

二

アメリカから日本の小学校に来ているトムさんとボブさんが花子さんと会話をしています。あとの問一～問三に答えましょう。

ボブ：花子、「猿《さる》も木から落ちる」とはどういう意味ですか。

花子：［　①　］という意味の、日本のことわざです。

ボブ：「ことわざ」とローマ字で書いてください。

花子：［　②　］と書きます。

トム：英語にもことわざがあるのを知っていますか。たとえば、“Seeing is believing.” というものがあります。

花子：どのような意味ですか？

トム：seeing は「見ること」、believing は「信じること」という意味なので、「見ることは信じることである」という日本語訳になります。「何事も、繰り返し何度も聞くよりも、一度自分の目で見た方が確かだ」という意味ですね。

花子：それは、日本のことわざの「［　③　］」と同じ意味ですね。

トム：それは初めて聞きました。

ボブ：ことわざは、興味深いですね。

問一　［　①　］にあてはまるように、「猿《さる》も木から落ちる」の意味を二〇字以上三〇字以内で書きましょう。

問二　［　②　］に、「ことわざ」と**ローマ字**で書きましょう。ただし、最初の文字は**大文字**で書き、残りの文字は**小文字**で書きましょう。解答用紙にある四本線を使って書きましょう。

問三　［　③　］にあてはまる言葉を、日本語で書きましょう。

※問題は次のページにもあります。

三　次の文章を読み、あとの問一～問四に答えましょう。

「いよいよだな」

横に立った長谷川《はせがわ》が言う。「ああ」と俺《おれ》は答えた。当日になっていよいよ緊張《きんちょう》が増してくる。今更《いまさら》だけど、確認《かくにん》してみたくなった。

「リレーのアンカー、本当に俺でいいのか」

「最初から朋彦《ともひこ》しかないって、みんな思ってたって。悔《くや》しいけど、俺より速いもんな」

長谷川が苦笑いする。

「だからさ、お前にはどうしてもしっかり部活出て欲《ほ》しかったんだよ。ありがとうな、当番でもないのに、今日まで準備も片《かた》づけもずっとやってただろ。あれ見て、部内の気持ち、かなりまとまったと思う」

「いや、もともと俺、不真面目《ふまじめ》だったし」

「うん。だから部長は、お前よりタイム遅《おそ》くても俺に回ってきた。俺の方がみんなに慕《した》われてるし」

「自分で言うか？　普通《ふつう》、それ」

ふざけ調子に笑いながら、だけど心の中で感謝する。本当にその通りだ。長谷川には、助けられたことがいっぱいある。

予選を終え、百メートルも四×百のリレーも、順調に決勝に進むことができた。百メートルの決勝で、俺は市内四位のタイムだった。俺の中では新記録のタイムだったけど、三位までの表彰《ひょうしょう》には届《とど》かなかった。結果を見て、顧問《こもん》や部活仲間は「すごい」って喜んでくれたけど、①俺は複雑な気持ちだった。今年は去年よりかなり真剣《しんけん》にやってきたつもりだったし、もっといい成績が出せると思っていた。リレーの決勝を前に、改めて緊張する。

アンカーをつとめるってことは、みんなからそれだけ期待されて役割《やくわり》をもらったってことなのに、当の俺の実力って、こんなものなのか？　うちの学校のメンバーは、リレー選手に選ばれなかった部員も含《ふく》めて、きっと全員が四×百で入賞する気でいるはずだ。

いよいよ、リレーの決勝が始まる。

四百メートルのトラックのゴールまで百メートルの地点で、深呼吸《しんこきゅう》しながら足首を回す。俺は、三番目に走ってくる長谷川から、バトンをもらうことになっていた。

号令の声とともに、第一走者が駆《か》け出す。悪くなかった。先頭から数えて三番目、一位二位にぴったりつけて、うちの陸上部の赤いバトンが揺《ゆ》れる。続く第二走者も、そのペースを崩《くず》さないまま、あっという間に長谷川までバトンをつないだ。

声を張り上げて「いいぞ！」と手を叩《たた》きながら、②喉《のど》の奥《おく》がこわばったように乾《かわ》いていくのがわかった。順番が近づいてくる。

長谷川がバトンを握《にぎ》り締《し》め、スタートする。スムーズな動きで駆け出した長谷川が、並《なら》んでいた三位までの先頭集団から、一歩、抜《ぬ》け出した。部員たちが歓声《かんせい》を上げるのがわかった。

一位だ！

しかし、そのときだった。順調に前に進んでいた長谷川の横、それまで一位を走っていた学校の生徒が、焦《あせ》ったように体を前のめりに倒《たお》す。スピードを上げようとしたのかもしれない。しかし、その弾《はず》みで体が崩れ、そのまま、長谷川の足に向け、肩《かた》から倒れた。

目を見開く。一瞬《いっしゅん》、何が起きたのか、わからなかった。

転んだそいつと一緒に、長谷川の体がよろけた。顔が、信じられない、という表情を浮《う》かべていた。コースをアウトしかける。俺は、悲鳴のような声を上げた。

「長谷川！」

倒れた選手とよろけた長谷川の横を、次々と別の走者が追い抜いていく。

長谷川がこっちに走ってくる。体を斜《なな》めにそらしたまま、転びかける一歩手前で踏《ふ》みとどまっているように見えた。

その顔を見た途端《とたん》、あいつがまだ諦《あきら》めていないことがわかった。歯を食いしばって、足でグラウンドを精一杯《せいいっぱい》蹴《け》って、俺に向かって駆けてくる。先頭集団とそんなに差は開いていないが、俺の目に、トップとの距離《きょり》は途方もなく遠いものに思えた。ラストで挽《ばん》回《かい》できるかどうかは、ギリギリだ。

だけど、長谷川はそこから猛烈《もうれつ》な勢いで立て直そうとしている。決意が感じられた。

あいつは、俺に懸《か》けてる。

覚悟《かくご》ができた。誰《だれ》にも頼《たよ》らず、俺がやらなければダメなんだと。

「朋彦！」

バトンを俺に渡す長谷川の顔は、泣きそうに歪《ゆが》んで、本当に苦しそうだった。

「すまん、頼む！」

返事をする時間も惜《お》しかった。③俺は無言で頷《うなず》き、バトンを受け取って走った。今まで一番、バトンリレーがうまくいった。

ふいに、④周囲の音が何も聞こえなくなる瞬間《しゅんかん》がやってきた。

前を走ってる相手の背中《せなか》を目指して、ただひたすらに風を切る。意識したわけでもないのに、体はぶれもせず、自由に軽く動いた。走ることしか、考えなかった。風を受け、見えない力に背中を押《お》されるようだった。自分の胸《むね》から、鼓動《こどう》の音が聞こえる。

（辻村《つじむら》深月《みづき》『サクラ咲《さ》く』光文社文庫より　一部省略がある。）

※問題は次のページにもあります。

問一　――線部①とありますが、それはどうしてですか。「からです。」という言葉で終わるように、「自分」「仲間」という言葉を使って、四〇字以上五〇字以内で書きましょう。

問二　――線部②とありますが、ここから「俺《おれ》」のどのような様子がわかりますか。「様子」という言葉で終わるように、二〇字以上三〇字以内で書きましょう。

問三　――線部③とありますが、このとき「俺」は「長谷川《はせがわ》」にどのような返事をすると思いますか。「俺」になったつもりで、三〇字以上四〇字以内で書きましょう。

問四　――線部④とありますが、このような瞬間《しゅんかん》がやってきたのはなぜですか。「からです。」という言葉で終わるように、一〇字以上二〇字以内で書きましょう。

四 次の文章を読み、あとの問一～問四に答えましょう。

羽田空港《はねだくうこう》*ターミナルの清掃員《せいそういん》として働き始めてすぐのことです。お客様が私の目の前にゴミをぽいっと投げ捨《す》てて行きました。すぐそばにゴミ箱があるにもかかわらず。「お前が拾って当然だ」という態度です。そう考えてすらいなかったかもしれません。

清掃員はまるで召《め》し使いか透明《とうめい》人間。そんなふうに扱《あつか》う人は少なくありませんが、そのような仕打ちをされても、清掃員は何も言い返すことはできません。*憤《いきどお》りの感情は飲み込《こ》んで、黙《だま》ってゴミを拾い、清掃を続けます。

家族で日本へ移ってきて、日本語も満足に話せない高校生の私に見つけることができた仕事は、清掃のアルバイトだけでした。私が学費や生活費を稼《かせ》ぐことができたのは清掃の仕事があったおかげです。私は自分でこの仕事を選びました。

清掃の技術をひとつひとつ身につけていって、羽田空港で働き始めたのは二四歳《さい》のときです。今の第1ターミナルができて少し経《た》ったころです。それから一九九八年に国際線ターミナルができて、二〇〇四年には第2ターミナルができました。最近では、二〇一四年三月に国際線ターミナルが*リニューアルされましたね。利用者がどんどん増えて、空港はどんどん大きくなっていきました。

今も若《わか》い人によく言うのですが、私は、空港に一歩入ったら、自分の家だと思って仕事をします。そして、誰《だれ》でも自分の家にきたお客様にそうするように、今日のお客様はどうかな、この人は何か困《こま》っているのかな、何を聞こうとしたのかなって、ひとりひとりのお客様をちゃんと見るようにしています。

だから、清掃員を透明人間だと思っている人に出会うと、①すごく悲しくなってしまうんです。私たちも人間なんですよ、って。

でも、その人個人を責めても仕方がない。そういう環境《かんきょう》で育った人だと思うから。たとえば、「勉強をしないと掃除夫《そうじふ》にしかなれませんよ」というような親に育てられた子どもは、清掃の仕事は*尊敬《そんけい》しなくていいと思うようになってしまうでしょう？　そういうふうに大人になってしまった人たちを一人ずつつかまえて説得しても、考えを変えることはできないと思います。そうしたいとも思いません。

それよりも、②社会の価値観《かちかん》そのものを変えていきたいと思うのです。

そのためには、私たち清掃員がいい仕事をするしかありません。自分の仕事に誇《ほこ》りを持って、納得《なっとく》できるまできちんとやり遂《と》げること。それを続けていれば、気づいてくれる人は必ず現れます。

「ここのトイレはいつもきれいですね。ありがとう。きれいに使わなくちゃね」

羽田空港でトイレ清掃の現場に入っていたときに、利用者の男性から言われた言葉ですが、こういう言葉を聞くと、本当にうれしい。自分が褒《ほ》められたからうれしいのではなく、清掃の仕事をきちんと認《みと》めてくださっているのがうれしいのです。

今、羽田空港（第1・第2旅客《りょかく》ターミナル）には一日約五〇〇人の清掃員が働いてい

※問題は次のページにもあります。

ますが、みんながそういう気持ちで仕事をしてくれているからこそ、「世界で最も清潔な空港」に二年連続で選ばれることができたのだと思います。

清掃は面白い仕事です。毎日違《ちが》うお客様が来て、そこでひとときを過ごす。どうしたら［　③　］、考えて、工夫して、それがお客様に伝わったときは本当にやりがいを感じます。技術を磨《みが》いていく喜びもあります。清掃員は「職人」。そういう誇りを持って仕事をしています。

（新津《にいつ》春子《はるこ》『世界一清潔な空港の清掃人《せいそうにん》』朝日新聞出版より）

＊ターミナル　…　空港で、多くの施設《しせつ》が集まっている場所。羽田空港は、第1旅客ターミナル、第2旅客ターミナル、国際線ターミナルの三つのターミナルで構成されている。
＊憤《いきどお》り　…　いかり。腹立《はらだ》ち。
＊リニューアル　…　新しくすること。
＊尊敬《そんけい》　…　人やものなどをすぐれていると認め、うやまうこと。

問一　——線部①とありますが、筆者はなぜ悲しくなってしまうのですか。次の文の空らんに、四〇字以上五〇字以内で書きましょう。

筆者は、［　　　　］からです。

問二　——線部②とありますが、筆者はどのような社会に変えたいと言っていますか。次の文の空らんに、一〇字以上二〇字以内で書きましょう。

［　　　　］社会に変えたいと言っています。

問三　文章中の空らん［　③　］に入れるのにふさわしい言葉を、一五字以内で書きましょう。

問四　あなたが伊奈学園中学校の三年間でやり遂《と》げたいことは何ですか。次の（注意）にしたがって書きましょう。

（注意）

○　題名、氏名は書かずに、一行目から本文を書きましょう。

○　作文は、段落や組み立てを工夫して書きましょう。

○　作文は、八行以上一〇行以内で書きましょう。

※以上で問題は終わりです。

平成３１年度　入学者選考問題

作　文　Ⅱ

受験番号	

（注意）

○ 受験番号を、問題用紙と解答用紙（１枚目その１、その２）、（２枚目その１、その２）の全部で５か所に書きましょう。

○ 問題用紙は、全部で７ページあります。

○ 解答用紙は「横書き」です。

○ 時間は、５０分間です。

○ （解答記入上の注意）があるので、試験開始後、よく読みましょう。

平成３１年度　入学者選考　解答用紙

作文Ⅱ

解答記入上の注意

（解答記入上の注意）

○ 解答らんに線が引いていないものは、解答らんにおさまるように書きましょう。

○ 記号、ひらがな、カタカナ、漢字、数字は１字として書きましょう。

○ 分数は１字として書きましょう。

○ 「ｃｍ」「ｍ^2」は２字、「ｃｍ^2」は３字として書きましょう。

○ 「、」や「。」「．（小数点）」も１字として書きましょう。
ただし、「、」や「。」がその行の最後にきたときは、最後のます目に入れましょう。
また、段落《だんらく》分けや改行はせず、続けて書きましょう。

〈記入例〉

㋐の面積は、９×$\frac{10}{3}$÷４＝７．５（ｃｍ^2）なので、全体の面積は、１１．５ｃｍ^{2}です。

㋐	の	面	積	は	、	９	×	$\frac{10}{3}$	÷	４	＝	７	．	５	（	ｃ	ｍ	^{2}	）
な	の	で	、	全	体	の	面	積	は	、	１	１	．	５	ｃ	ｍ	^{2}	で	す。

ゆうきさんとひかるさんは、同じ小学校に通う友だちです。
次の［問１］～［問５］に答えましょう。

［問１］　ゆうきさんとひかるさんが体育館の利用状況《じょうきょう》について話しています。

ゆうきさん「昨日は雨だったから体育館に人がいっぱいいたね。」
ひかるさん「人数を調べたら５７０人だったよ。」
ゆうきさん「人口密《みつ》度《ど》を調べたら１m^2あたり０．６人だったよ。」

（１）体育館１m^2あたり０．６人の人口密度で５７０人いるとき、体育館の面積を求めましょう。また、求める過程を８０字以内で書きましょう。

ゆうきさん「体育館の昼休みの利用者の数を１週間調べてみたよ。」
ひかるさん「５日間の利用者の平均は２７４人だね。」
ゆうきさん「月曜日と火曜日と水曜日の３日間の利用者の平均を求めると２１０人だよ。」
ひかるさん「水曜日と木曜日と金曜日の３日間の利用者の平均を求めると３２０人だね。」

（２）ゆうきさんとひかるさんの会話から、水曜日の体育館利用者の人数を求めましょう。また、求める過程を書きましょう。（字数の制限はありません。）

ゆうきさん「体育館をそうじするのは広いから大変そうだね。」
ひかるさん「モップがけを１２人で１５分かけてやっているよ。」
ゆうきさん「今日は４人休みだから、８人でやらないといけないね。」
ひかるさん「９分後に他のところから４人お手伝いに来てくれるみたいだよ。」
ゆうきさん「それはよかったね。」

（３）１２人で１５分かかるモップがけを８人で始め、９分後から４人加わって行います。全員が同じペースでモップがけを行うとすると、モップがけがすべて終わるまで何分かかるかを求めましょう。また、求める過程を書きましょう。
（字数の制限はありません。）

※問題は次のページにもあります。

［問２］　ゆうきさんとひかるさんは実験室でいろいろな水よう液の性質について調べています。

ゆうきさん「石灰水、うすい塩酸、食塩水、うすい水酸化ナトリウム水よう液を用意したんだけど、ビーカーにラベルをはり忘れてしまって、どれがどれだかわからなくなってしまったんだ。どうやったら水よう液の種類を区別することができるかな。」

ひかるさん「リトマス紙を使えば水よう液の性質を調べることができるよね。」

ゆうきさん「そうだね。でも、石灰水とうすい水酸化ナトリウム水よう液はどちらもアルカリ性の性質を示す水よう液だから、リトマス紙以外の方法で区別しなくてはいけないね。」

（１）うすい塩酸と食塩水で酸性の性質を示すのはどちらの水よう液ですか。また、その水よう液はリトマス紙の色をどのように変化させるのか、４０字以内で書きましょう。

（２）石灰水とうすい水酸化ナトリウム水よう液を区別するにはどのような方法で調べればよいですか。また、その方法で調べる理由を６０字以内で書きましょう。

ゆうきさん「うすい塩酸は鉄をとかすって聞いたことがあるけれど、鉄のとけ方はいつも同じなのかな。」

ひかるさん「とかす鉄の形によって、とけ方が変わってくるみたいだよ。例えば、うすい塩酸の中に鉄のくぎとスチールウールを同時に入れると、スチールウールの方が早くとけてしまうみたいだよ。」

（３）うすい塩酸の入ったビーカーに、鉄のくぎとスチールウールを同時に入れたとき、スチールウールの方が早くとけるのはなぜですか。その理由を４０字以内で書きましょう。ただし、鉄のくぎとスチールウールの重さと材質は同じものとします。

鉄のくぎ

スチールウール

平成三一年度　入学者選考　解答用紙

作文Ⅰ　一枚目　その2

受験番号

二

（解答記入上の注意）

〇　問一は、一ます目から書き始めましょう。

〇　問二は、四本線を使って書きましょう。

問一

問三

2点

問二

三

（解答記入上の注意）

〇　問一～問四は、一ます目から書き始めましょう。

問一

からです。

問二

様子。

問三

問四

からです。

平成三一年度　入学者選考　解答用紙

作文Ⅰ　二枚目　その2

四

問四

8行

受験番号

平成３１年度　入学者選考　解答用紙　【作文Ⅱ】　１枚目　その２

受験番号	

[問２]（１）答え

説明（４０字）

完答2点

2点

（２）方法

理由（６０字）

2点

（３）理由（４０字）

2点

2点

[問３]（１）答え　（　　　　）個ずつ買い、合計金額は（　　　　）円

2点

（２）答え　りんご（　　　　）個、みかん（　　　　）個、もも（　　　　）個ずつ買い、合計金額は（　　　　）円

求める過程

3点

平成３１年度　入学者選考　解答用紙　【作文Ⅱ】　２枚目　その１

受験番号	

（３）答え　［　　　　通り］ 2点

求める過程　3点

［問４］（１）答え　［　　　　］ 1点

理由（６０字）　2点

（２）説明（６０字）　3点

（３）説明（６０字）　2点

平成３１年度　入学者選考　解答用紙　【作文Ⅱ】　２枚目　その２

受験番号	

［問５］（１）答え　　　　　　　つぶ　2点

求める過程（８０字）　2点

（２）答え　　　　　　　個　2点

求める過程　2点

（３）答え　3点

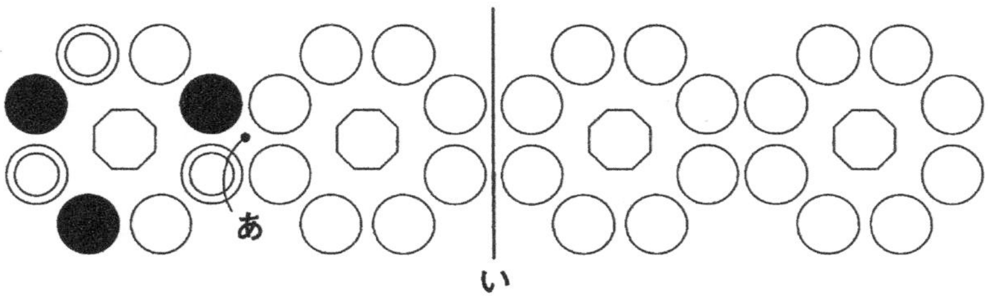

平成３１年度　入学者選考　解答用紙　【作文Ⅱ】　１枚目　その１

※50点満点

受験番号	

[問１]（１）答え　　　　m^2　1点

求める過程（８０字）　2点

（２）答え　　　　人　2点

求める過程　2点

（３）答え　　　　分　2点

求める過程　2点

平成三一年度　入学者選考　解答用紙

作文Ⅰ　二枚目　その1

四

（解答記入上の注意）

○　問一〜問三は、一ます目から書き始めましょう。

○　問四は、原こう用紙の正しい使い方で書きましょう。

受験番号

4点　問一

筆者は、

からです。

2点　問二

社会に変えたいと言っています。

2点　問三

平成三一年度　入学者選考　解答用紙
作文Ⅰ　一枚目　その１

※50点満点

受験番号

一

（解答記入上の注意）
○　問一～問四は、一ます目から書き始めましょう。

4点　問一　①　②

3点　問二　記号　理由

3点　問三

6点　問四　①　②

【解答

［問３］　ゆうきさんとひかるさんが、お楽しみ会で配る果物を買う計画を立てています。

ゆうきさん「りんごとみかんとももがあるけれど、１個ずつでは売っていないね。」
ひかるさん「値《ね》段《だん》表があるから、いろいろな買い方を考えてみようか。」

果物の種類	りんご	みかん	もも
１ふくろの個数	２個	５個	３個
１ふくろの値段	３００円	４００円	３００円

ゆうきさん「りんごとみかんとももを組み合わせて買うのはどうかな。」
ひかるさん「りんごとみかんとももを同じ個数ずつ買って、合計金額を最も安くするためにはどうすればいいかな。」

（１）りんごとみかんとももを同じ個数ずつ買って、合計金額を最も安くするためには、何個ずつ買えばよいか求めましょう。また、そのときの合計金額を求めましょう。

ゆうきさん「せっかくだから１人に２種類の果物を１個ずつ配れるといいね。」
ひかるさん「クラスの人数は４０人だけれど、合計金額を最も安くするためには、それぞれ何個ずつ買えばいいかな。」
ゆうきさん「果物が余らないように買えるといいね。」

（２）１人に２種類の果物を１個ずつ余らないようにして４０人に配るとき、合計金額を最も安くするためには、それぞれ何個ずつ買えばよいかを求め、さらに、そのときの合計金額を求めましょう。また、求める過程を書きましょう。（字数の制限はありません。）

ゆうきさん「予算は５０００円だから、合計金額が５０００円になるようにしたいね。」
ひかるさん「どの果物も１０個以上買えるといいね。」
ゆうきさん「どのように果物を買えばいいかな。」

（３）どの果物も１０個以上買い、合計金額が５０００円になるとき、りんごとみかんとももの買い方は何通りあるか求めましょう。また、求める過程を書きましょう。（字数の制限はありません。）

※問題は次のページにもあります。

[問４]　ゆうきさんとひかるさんはクラスの係でいきもの係になりました。そこで、クラスで飼っているヒメダカを世話することになりました。

ゆうきさん「ひかるさんはヒメダカのおすとめすの見分け方を知っているかな。」
ひかるさん「もちろんわかるよ。ヒメダカはめすの特ちょうの方がわかりやすいよ。」
ゆうきさん「そうなんだ。２ひきをそれぞれ観察してみようよ。」

ア
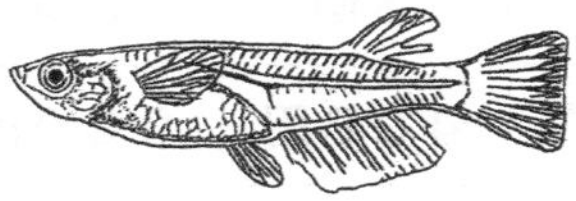
イ
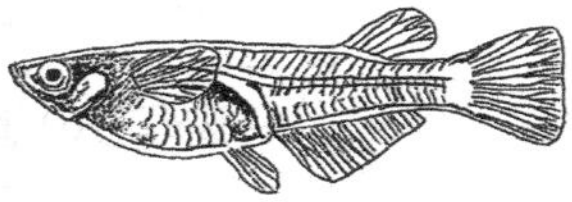

（１）図のアとイのヒメダカではどちらがめすのヒメダカですか。めすのヒメダカと判断した理由を６０字以内で書きましょう。

ひかるさん「これでおすとめすの見分け方が簡単にできるでしょ。」
ゆうきさん「そうだね。じゃあ、けんび鏡を使ってもう少しくわしく観察をしてみよう。」
ひかるさん「けんび鏡で観察すると、おびれにも血液が流れているのがわかるよ。」

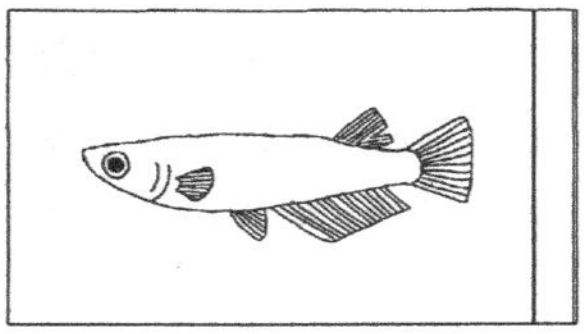
ポリエチレンのふくろに入れたヒメダカ

（２）生きたヒメダカをポリエチレンのふくろに入れ、けんび鏡で観察すると、おびれにも血液が見られました。血液には、どのようなはたらきがありますか。６０字以内で書きましょう。

ひかるさん「ゆうきさん、いつのまにかヒメダカが水草に卵《たまご》を産んだよ。」
ゆうきさん「ヒメダカは水中に卵を産むけれど、ヒトは母親の子宮の中で育ってから産まれてくるよね。ヒメダカは親のおなかの中にいなくても、水中で成長できるのかな。」
ひかるさん「ヒメダカは受精すると、卵の中にある養分を取り入れて、少しずつヒメダカの体ができるんだよ。それから、卵のまくをやぶってヒメダカのこどもがかえるよ。」

（３）ヒトは、母親の子宮の中で、どのようにして養分などを取り入れながら体ができていきますか。６０字以内で書きましょう。

［問５］　ゆうきさんとひかるさんは、ビーズでアクセサリーを作ろうとしています。

ゆうきさん「この作り方の紙にある花のモチーフを作りたいな。」
ひかるさん「さっそく丸と八角形の２種類のビーズで花のモチーフを８個作ってみようか。」

図１　花のモチーフの３個の作り方

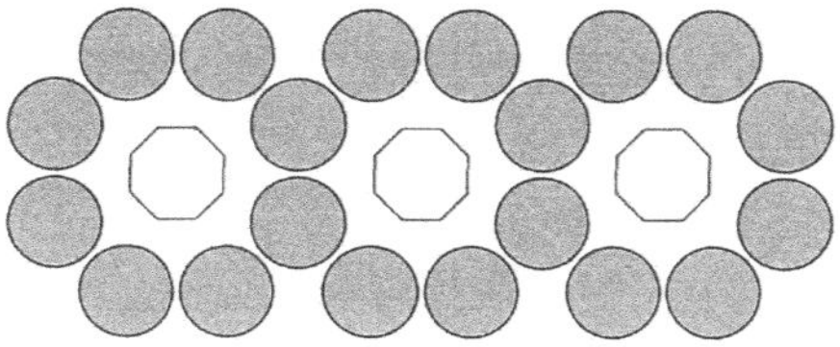

（１）図１のように、花のモチーフを横につなげて８個作るとき、周りに使う丸いビーズは何つぶ必要か求めましょう。また、求める過程を８０字以内で書きましょう。

ゆうきさん「丸いビーズは何つぶあるのかな？」
ひかるさん「１ふくろ４００つぶ入りのものを買ってきたよ。」

（２）図１のように、花のモチーフを横につなげて作るとき、周りに使う丸いビーズが４００つぶあります。花のモチーフは、最も多くて何個作ることができるのか求めましょう。また、求める過程を書きましょう。（字数の制限はありません。）

ゆうきさん「他の種類のビーズも使ってみたいな。」
ひかるさん「じゃあ、モチーフをかえて作ってみようか。」

（３）図２のように、八角形のビーズを中心として３種類の丸いビーズを使って花のモチーフを作ります。**点あ**を対称《たいしょう》の中心として点対称な図形を、さらに、**線い**を対称の軸《じく》として線対称な図形をつくります。どのような模様《もよう》になるかかきましょう。

図２

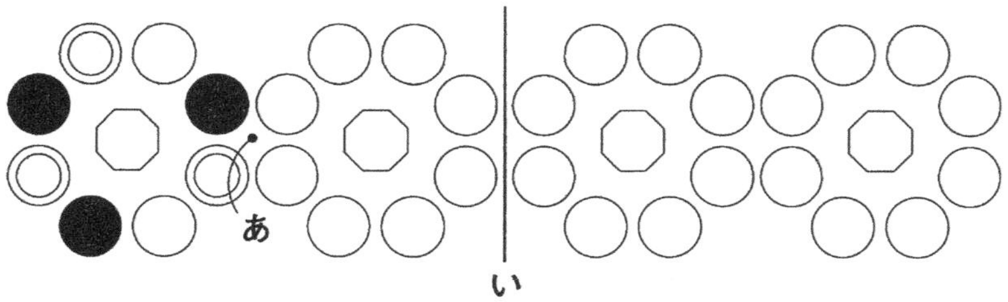

※以上で問題は終わりです。

伊奈学園中学校

平成三〇年度　入学者選考問題

作文 Ⅰ

受験番号

（注意）

○ 受験番号を、問題用紙と解答用紙（一枚目その1、その2）、（二枚目その1、その2）の全部で五か所に書きましょう。

○ 問題用紙は、全部で九ページあります。

○ 時間は、五〇分間です。

○ 解答用紙に、（解答記入上の注意）があるので、試験開始後、よく読みましょう。

一　次の問一～問四に答えましょう。

問一　日本の発電に関する次の**資料1**、**資料2**を見て、①、②の問題に答えましょう。

①　**資料1**は、**2015年度の日本の発電電力量の構成**を示しています。このような構成になっていると、「**ア**　天然ガス、石炭、石油などの化石燃料を大量に燃やすことで、地球温暖《おんだん》化《か》や空気の汚れの原因となる。」「**イ**　貿易がうまくいかなくなったときに大きな問題を抱える。」といった影響《えいきょう》が考えられます。この**ア**、**イ**のうち、**イ**を説明するときには、**資料1**に加えて、どのような資料が必要になりますか。五〇字以内で書きましょう。

②　再生可能エネルギーを用いた発電の一つに太陽光発電があります。**資料2**からわかる太陽光発電の課題を、二〇字以内で書きましょう。

資料1　2015年度の日本の発電電力量の構成

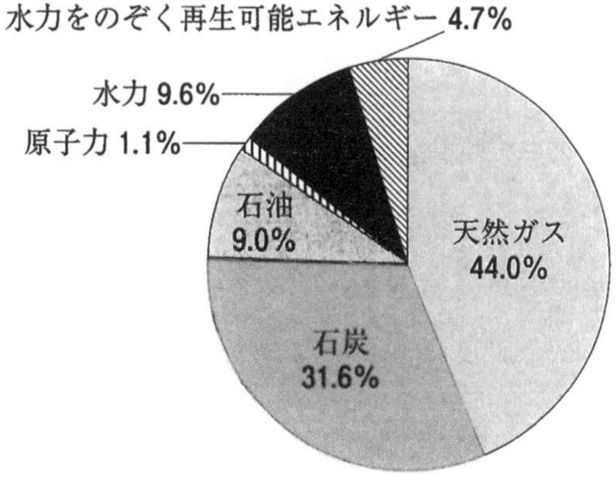

電気事業連合会資料より作成

資料2　ある地点の太陽光発電所の発電状況

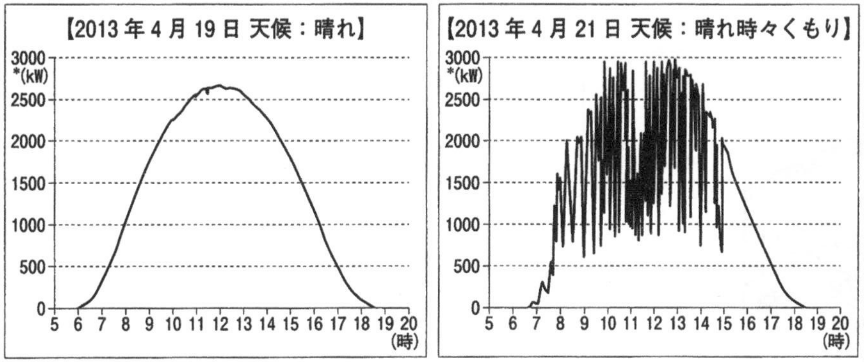

＊kW ＝ キロワット。電力を表す単位で、この数字が大きいほど発電される電力が大きいことを表しています。

電気事業連合会資料より作成

※問題は次のページにもあります。

問二　**資料３**は、**地震《じしん》発生前後の寝室《しんしつ》の様子**を表しています。地震による被害を軽減するためには、どのような備えや工夫が必要ですか。**資料３**を見て、その理由もわかるように、四〇字以内で書きましょう。

資料３　地震発生前後の寝室の様子

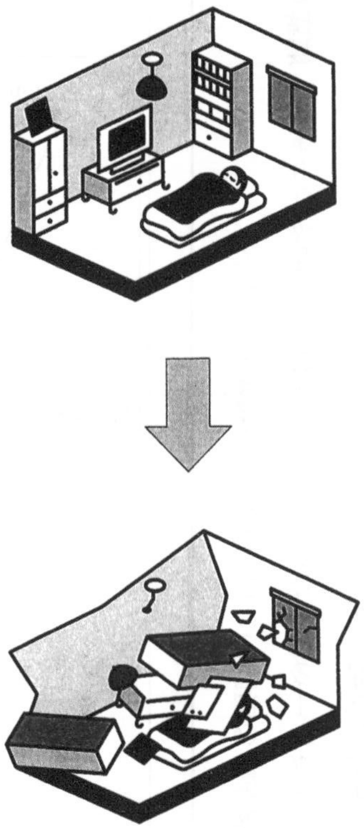

埼玉県の「防災マニュアルブック」より作成

問三　**資料4**と**資料5**を見て、①、②の問題に答えましょう。

①　**資料4**は、漢字からかな文字への変化を表したものです。平安時代には、**資料4**にあるかな文字が使われるようになったことで自分の気持ちなどを細かく表現できるようになり、朝廷《ちょうてい》につかえる女性たちは多くの文学作品をつくりました。**資料5**は、清少納言《せいしょうなごん》が書いた作品の原文と現代語訳《げんだいごやく》の一部です。この作品の名前を書きましょう。

②　かな文字が使われ始めたころ、日本ではどのような文化が広がりましたか。「大陸」、「日本風」という言葉を使って五〇字以上七〇字以内で書きましょう。

資料4

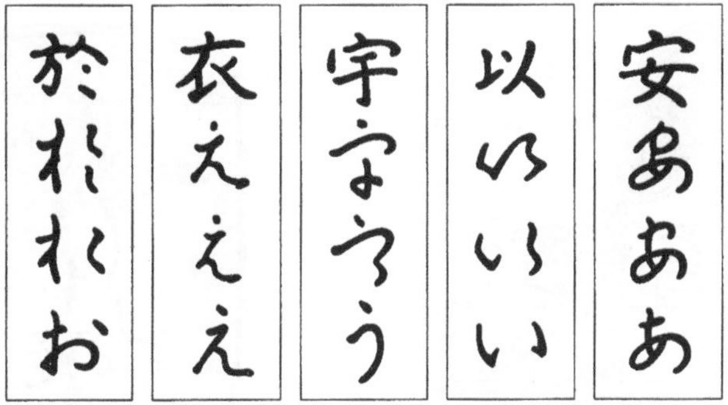

資料5　清少納言と、その作品の一部

清少納言

【原文】

春はあけぼの。やうやう白くなりゆく山ぎは、すこしあかりて、紫《むらさき》だちたる雲のほそくたなびきたる。

【現代語訳】

春はあけぼのがいい。だんだんと白くなっていく空の、山に近い辺りが、少し明るくなって、紫がかった雲が細長く横に引いているのがいい。

※問題は次のページにもあります。

問四　江戸時代に関する次の**資料6**～**資料9**を見て、①、②の問題に答えましょう。

① **資料6**は、**江戸初期の大名の種類ごとの領地**を表しています。外様《とざま》大名はどのようなところに配置されていますか。外様大名の配置の特徴《とくちょう》とその理由を、**資料7**を見て「江戸」という言葉を使って、三〇字以上五〇字以内で書きましょう。

② **資料8**は、**資料9**のアの人物が踏《ふ》んでいるものです。**資料8**をふまえて、**資料9**を説明する文を三〇字以上四〇字以内で書きましょう。

資料6　江戸初期の大名の種類ごとの領地

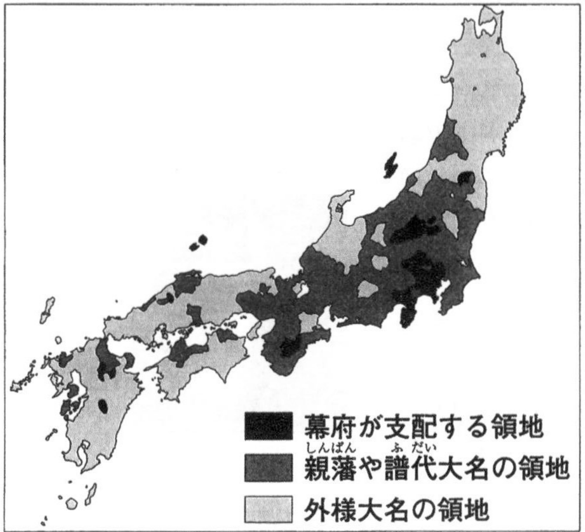

資料7　大名の種類と説明

大名の種類	説　明
親藩	徳川家の親せきの大名
譜代大名	関ヶ原の戦い前からの徳川家の家来の大名
外様大名	関ヶ原の戦い後に徳川家に従《したが》った大名

資料8

資料9

二 イギリスから日本の小学校に来ているマイクさんがまみさんと会話をしています。

問一、問二に答えましょう。

マイク「まみ、平成二九年九月十八日は祝日だったけれど、何の日でしたか。」

まみ「ケイロウノヒでした。」

マイク「ケイロウノヒ。ローマ字で書いてください。」

まみ「[①]と書きます。」

マイク「わかりました。どういう意味の祝日ですか。」

まみ「[②]」

マイク「わかりました。」

問一 [①]にあてはまる言葉を、**ローマ字**で書きましょう。ただし、最初の文字は**大文字**で書き、残りの文字は**小文字**で書きましょう。解答用紙にある四本線を使って書きましょう。

問二 [②]にあてはまる文を、二五字以上三五字以内で書きましょう。ただし、**ローマ字は使わずに**書きましょう。

※問題は次のページにもあります。

三　次の文章を読み、あとの問一〜問三に答えましょう。

（運動会を前に担任《たんにん》の古賀《こが》先生は、クラス全員が出場し、チームワークがとわれる二人三脚《きゃく》で勝利を勝ちとろうと熱く語った。ぼくは仲のよい光太《こうた》とペアを組み練習を始める。）

「ワンツ、ワンツ」

かけ声をかけながら、ひもでしばった足を交互《こうご》に出す。ぼくも光太も足は速い方ではないけれど、ちょっと練習をしただけですぐにスピードがついた。リズムが合ったのだ。なにしろ、ぼくらはいちばんの友達同士だ。

ぼくらは放課後だけではなく、昼休みにも、欠かさず練習をした。そのかいあって、三日もすると、どこのペアにも負けないほどになった。

「ぼくら、強いよな」

「これならきっとスタートの組でいちばんとれるね」

身長順に並《なら》ぶと、クラスでいちばん前のぼくと、三番目の光太は第一走者ということになっていた。

「ぜってー、勝とうぜ」

「うん」

ぼくたちは、グータッチをしてちかいあった。

なのに、そのつぎの日のことだ。光太から、

「転校することになった」

と、きかされたのは。

学校へ行く途中《とちゅう》だった。

「えっ？」

①頭の中が白くなった。意味がわかった瞬間《しゅんかん》、目の奥《おく》からなみだがせりあがってきて、道路がゆれた。それをぼくは必死でこらえた。光太が歯をくいしばっていたからだ。ひとりで泣いたら恥《は》ずかしい。ぼくの顔は真《ま》っ赤《か》だったと思う。

あの日のことを思い出すと、鼻の奥がつんとした。

「ワンツ、ワンツ」

グラウンドからきこえるかけ声が、大きくなっている。

ちらっとグラウンドを見ると、谷川《たにがわ》くんの姿《すがた》が見えた。ペアの内藤《ないとう》くんとスタートの準備《じゅんび》をしている。ぼくはすっと視線《しせん》を落とした。

「光太のかわりを、真吾《しんご》にたのもうと思うんだけど」

古賀先生がそう言ったのは、光太が転校したつぎの日だった。先生のとなりには、谷川真吾くんが立っていた。先生と身長があまり変わらない。

「スタートの順番がいちばんはなれているから、それがいいと思うんだ」

先生は大きな声で続けた。たしかに、谷川くんならぼくと走ったあとに、余裕《よゆう》を持って自分の番にそなえられる。だって、谷川くんは、クラスでいちばん背《せ》が高いから。しかも足の速さもクラスでいちばんだ。

「バランスが」

②言いたい言葉が、出なかった。谷川くんの顔をそっと見てみた。きっとぼくと同じことを考えていたのだろう。眉毛《まゆげ》がさがっていた。

「心配するな。二人三脚はチームワークだ。練習すればなんとかなる」

「そうだよ、真吾。そっちがビリでもこっちが本番。おれらでばんかいすれば、クラスは勝つし」

先生のそばから、ひょっこり内藤くんが顔を出して、そんなことを言った。内藤くんは谷川くんと組む、クラスのアンカーだ。③ぼくの胸《むね》はずんと重たくなった。

（『なみだの穴《あな》』 まはら三桃《みと》 著より 一部省略がある。）

問一 ——線部①とありますが、それはどうしてですか。「からです。」という言葉で終わるように、三〇字以上四〇字以内で書きましょう。

問二 ——線部②とありますが、このときぼくはどのようなことを言いたかったのだと考えられますか。「バランス」という言葉を使って、三〇字以上四〇字以内で書きましょう。

問三 ——線部③とありますが、このときのぼくはどんな気持ちになったのでしょうか。「気持ち」という言葉で終わるように、五〇字以上六〇字以内で書きましょう。

※問題は次のページにもあります。

四 次の文章は、獣《じゅう》医師の田向健一《たむかいけんいち》さんの文章です。この文章を読み、あとの問一～問四に答えましょう。

当たり前と言えば当たり前なのだが、自分のやり方や*既存《きそん》のものに慣れてしまうと、「やりにくいな」と思っても、その状況《じょうきょう》をなかなか変えることができない。これは、子どもが体を斜《なな》めにしたまま字を書いて、「うまく書けない」と言うのに似ている。体を少し起こしてみれば、ずっと書きやすくなる。でも斜めに書く習慣がついてしまっていると、そのことに気づけない。だから、①うまくいかないことに*違和感《いわかん》を覚えて、自分を変えてゆくというような気持ちが大事だと思う。

なぜそう思うようになったか考えてみると、僕《ぼく》は小さいときから動物をたくさん飼っていた。動物を飼うという趣味《しゅみ》の世界は、学校の勉強とは全然違《ちが》う。教育の過程にいるとたくさん覚えるべきことがあり、それらをちゃんと学んでいけば、一つの答えに行きつく。でも、飼育書もないような珍《めずら》しい動物を飼う方法は誰《だれ》もその答えを知らない。だから自分の頭でいろいろ考えなければならない。中でも、大好きでいろいろなカエルを飼っていたとき、それらのカエルをどうしたら生かせるのか、さまざまな方法を考案した。

たとえば、フクラガエルというアフリカの小さなカエルがいる。カエルと言えば湿《しめ》らせて飼うのが常識なので、普通のカエルを飼うように湿らせたミズゴケで飼っていたら、一週間ほどで死んでしまった。なんで死んでしまったのだろうといろいろ調べてみると、フクラガエルはアフリカの乾燥《かんそう》したところに*棲《す》んでいるということがわかった。そこでホームセンターに行き、アフリカにありそうな土を選んで買ってきて、その土を湿らせずに乾燥したままの状態にしてカエルを入れた。するとそのカエルはずっと生き続けた。初めて日本に輸入されたときはそんな情報はなかったのだ。

それは日本で初めて、フクラガエルの長期飼育に成功した例だと思う。その頃《ころ》僕は大学四年生で、爬虫類専門誌《はちゅうるいせんもんし》に飼育方法の記事を書いた。その後、このカエルは乾燥したパサパサの土で飼うことが「常識」となった。

多くの人は、既存のものの方がすばらしくて、自分の考えは劣《おと》っていると考えるかもしれない。でも、本当はそんなことはない。子どもが抱《いだ》く［②］にも、じつはものすごいことを含《ふく》んでいるときがある。たとえば、ダンゴムシはあるウイルスに感染《かんせん》すると紫《むらさき》色になることが知られているが、そのダンゴムシは健康な色のダンゴムシと比較《ひかく》して行動がおかしいことを、中学生が発見したこともあった。

大人になると、子どもの頃の発想や*素朴《そぼく》な気持ちを忘れがちで、つい「常識」にとらわれてしまう。でもそういう素朴な気持ちを忘れない方がいい。そこにたくさんの発見があると、僕は思う。

*臨床《りんしょう》の現場でも、違和感を覚えることがある。この違和感は何だろうと調べてゆくと、新しいことが見つかったりする。

習ってきたことと違うことや、習ってきたことがうまくいかないというところに「何だろう?」と思う気持ちは大切だ。いまは情報化社会で、インターネットを見れば何でも答えがあるように思う。でも現場の本当の最先端《さいせんたん》のことは、ネットには絶対に出ていない。③ときには自分で「答え」を見つけていかなければならないこともある。

（『生き物と向き合う仕事』　ちくまプリマー新書　田向健一　著　より
一部省略がある。）

＊既存　…　すでに存在するもの。
＊違和感　…　ちぐはぐで、変な感じがすること。
＊捿んでいる　…　動物が巣を作って生活する。
＊素朴　…　素直。ありのままであること。
＊臨床　…　ここでは、病気の動物に診察《しんさつ》・治療《ちりょう》をおこなうこと。

問一　――線部①とありますが、なぜ筆者はそう思うようになりましたか。次の文の空らんに四〇字以上五〇字以内で書きましょう。

カエルの飼育方法の常識に当てはめてフクラガエルを飼育したところ、［　　　　］ことからです。

問二　文章中の空らん［②］に当てはまる言葉を、**三字以内**で書きましょう。

問三　――線部③とありますが、なぜ筆者は自分で「答え」を見つけなければならないと言っているのですか。「発見」という言葉を使って、「からです。」という言葉で終わるように、四〇字以上五〇字以内で書きましょう。

問四　あなたは、習ってきたことがうまくいかなかったときに、どのようにして乗り越《こ》えましたか。次の（注意）にしたがって書きましょう。

（注意）
○　題名、氏名は書かずに、一行目から本文を書きましょう。
○　作文は、段落や組み立てを工夫して書きましょう。
○　作文は、思っていることや考えていることだけでなく、あなたが体験したこともふくめて書きましょう。
○　作文は、八行以上一〇行以内で書きましょう。

※以上で問題は終わりです。

平成３０年度　入学者選考問題

作　文　Ⅱ

受験番号	

（注意）

○ 受験番号を、問題用紙と解答用紙（１枚目その１、その２）、（２枚目その１、その２）の全部で５か所に書きましょう。

○ 問題用紙は、全部で８ページあります。

○ 解答用紙は「横書き」です。

○ 時間は、５０分間です。

○ （解答記入上の注意）があるので、試験開始後、よく読みましょう。

（※このページに問題はありません。）

平成３０年度　入学者選考　解答用紙

作文Ⅱ

解答記入上の注意

（解答記入上の注意）

○ 解答らんに線が引いていないものは、解答らんにおさまるように書きましょう。

○ 記号、ひらがな、カタカナ、漢字、数字は１字として書きましょう。

○ 分数は１字として書きましょう。

○ 「ｃｍ」「m^3」は２字、「cm^2」は３字として書きましょう。

○ 「、」や「。」「．（小数点）」も１字として書きましょう。
ただし、「、」や「。」がその行の最後にきたときは、最後のます目に入れましょう。
また、段落《だんらく》分けや改行はせず、続けて書きましょう。

〈記入例〉

㋐の面積は、９×$\frac{10}{3}$÷４＝７．５（cm^2）なので、全体の面積は、１１．５cm^2です。

㋐	の	面	積	は	、	9	×	$\frac{10}{3}$	÷	4	=	7	.	5	(	c	m	2	)
な	の	で	、	全	体	の	面	積	は	、	1	1	.	5	c	m	2	で	す。

(※このページに問題はありません。)

ゆうきさんとひかるさんは、同じ小学校に通う友だちです。
次の［**問1**］～［**問6**］に答えましょう。

［**問1**］　ゆうきさんとひかるさんは、校庭でつかまえたバッタについて、図かんを使って調べています。

ゆうきさん「図かんにはいろいろな生き物がのっているね。」
ひかるさん「そうだね。バッタ以外にもたくさんのこん虫がいるね。」

ア　ハチ

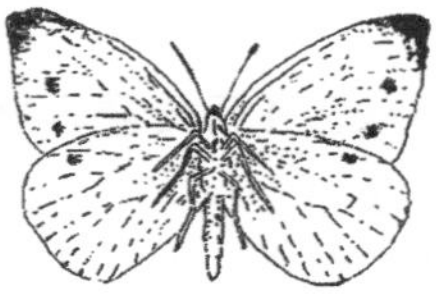

イ　チョウ

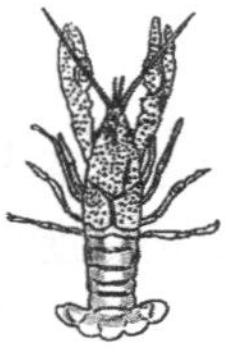

ウ　ザリガニ

エ　カタツムリ

オ　ダンゴムシ

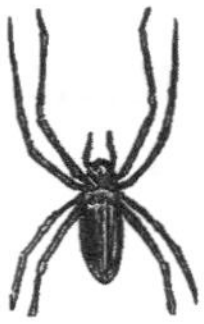

カ　クモ

キ　カブトムシ

ク　ミミズ

（1）ゆうきさんとひかるさんが見ていた図かんにのっていた生き物のうち、バッタと同じようにこん虫であるものを上の**ア**～**ク**の中からすべて選び、記号で書きましょう。また、選んだ生き物がなぜこん虫であるのか、その理由を６０字以内で書きましょう。

ゆうきさん「つかまえたバッタを虫かごの中で育てるにはどうしたらいいかな。」
ひかるさん「虫かごの中に土と草を入れた方がいいよ。」

（2）バッタを虫かごで育てるとき、虫かごの中に土と草を入れた方がよいのはなぜか、その理由を４０字以内で書きましょう。

※問題は次のページにもあります。

［問２］　ゆうきさんとひかるさんは、図書館で話をしています。

ゆうきさん「この赤い本を全体の$\frac{2}{5}$ページまで読み終えたよ。」

ひかるさん「わたしも赤い本を全体の$\frac{1}{4}$ページまで読んだよ。」

ゆうきさん「わたしの方がひかるさんより４２ページ多く読んでいるね。」

（１）赤い本は全部で何ページあるか求めましょう。また、その求め方を８０字以内で書きましょう。

ゆうきさん「この青い本を今日から２４日で読み終わるように、毎日同じページ数で読み進めようかな。」

ひかるさん「でも、６日後はテストがあるから本ばかり読んでもいられないよ。」

ゆうきさん「そうだね。今日からテストまでの６日間は１冊《さつ》を３６日で読み終わるようなページ数で読んでいこう。」

ひかるさん「テストが終わってからはどうするの。」

ゆうきさん「早く読み終えたいから、最初に計画したとおり１冊を２４日で読み終わるページ数にもどすよ。」

（２）ゆうきさんが青い本を読み終えるのに何日かかるか求めましょう。また、その求め方を書きましょう。（字数の制限はありません。）

平成三〇年度　入学者選考　解答用紙

作文Ⅰ　一枚目　その2

受験番号

二

（解答記入上の注意）

○　問一は、四本線を使って書きましょう。

○　問二は、一ます目から書き始めましょう。

問一

2点

問二

三

（解答記入上の注意）

○　問一～問三は、一ます目から書き始めましょう。

問一

からです。

問二

問三

気持ち。

平成三〇年度　入学者選考　解答用紙

作文Ⅰ　二枚目　その1

受験番号

四

（解答記入上の注意）

○ 問一～問三は、一ます目から書き始めましょう。

○ 問四は、原こう用紙の正しい使い方で書きましょう。

問一（4点）

カエルの飼育方法の常識に当てはめてフクラガエルを飼育したところ、

（40）（50）

ことからです。

問二（2点）

問三（4点）

（40）（50）

からです。

平成３０年度　入学者選考　解答用紙　【作文Ⅱ】　１枚目　その２

受験番号	

[問３]（１）答え　時速　　　　km　２点

求め方　２点

（２）説明（１００字）　３点

（３）方法（１００字）　３点

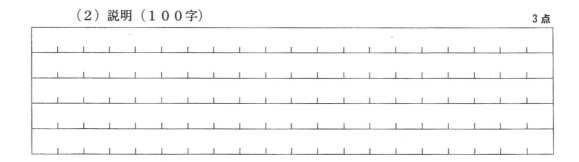

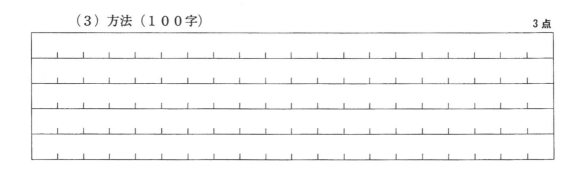

平成３０年度　入学者選考　解答用紙　【作文Ⅱ】　２枚目　その１

受験番号	

[問４]（１）答え　　　　m^3　２点

求め方（６０字）　２点

（２）展開図　２点

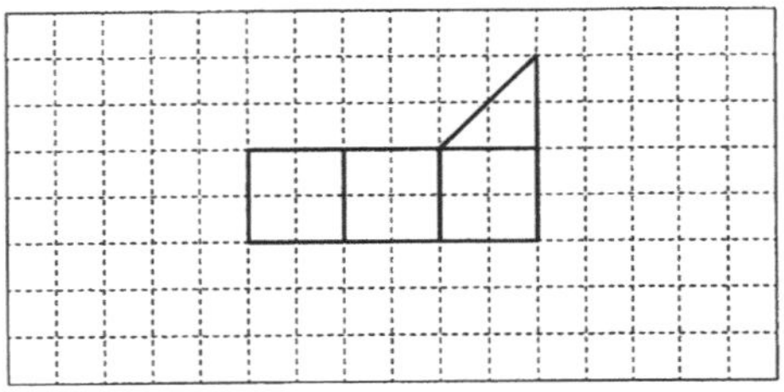

[問５]（１）説明（８０字）　２点

（２）電池のつなぎ方の図　２点

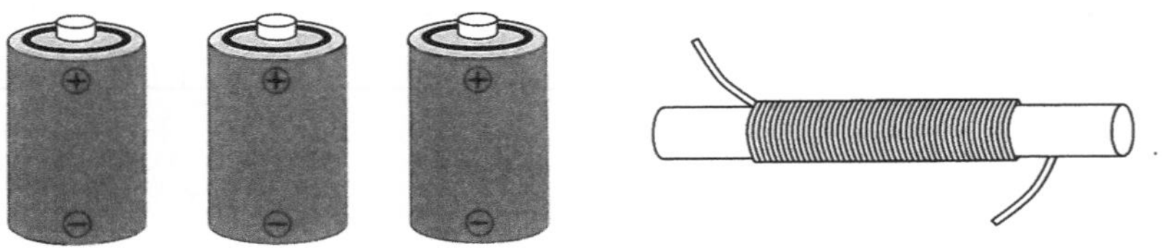

理由（６０字）　２点

平成３０年度　入学者選考　解答用紙　【作文Ⅱ】　２枚目　その２

受験番号	

［問６］（1）答え　　　　　　cm^2　2点

求め方（８０字）　2点

（2）答え　たて　　　　cm　　横　　　　cm　2点

求め方　2点

（3）答え　　　　　　cm　2点

求め方　3点

平成３０年度　入学者選考　解答用紙　【作文Ⅱ】　１枚目　その１

受験番号	

※50 点満点

[問１]（１）選んだ記号 ＿＿＿＿ 2 点

理由（６０字）　2 点

（２）理由（４０字）　2 点

[問２]（１）答え ＿＿＿＿ ページ 2 点

求め方（８０字）　2 点

（２）答え ＿＿＿＿ 日 2 点

求め方　3 点

平成三〇年度　入学者選考　解答用紙

作文Ⅰ　二枚目　その2

四

受験番号

問四

8点

10行　8行

平成三〇年度　入学者選考　解答用紙

作文Ⅰ　一枚目　その１

※50点満点

受験番号

一

（解答記入上の注意）

○　問一～問四は、一ます目から書き始めましょう。

5点　問一　①　②

3点　問二

6点　問三　①　②

4点　問四　①　②

［問３］　ゆうきさんとひかるさんは、図書館で調べものをしています。

ゆうきさん「昔の人はどうやって手紙や荷物を遠くの人にわたしていたのかな。」
ひかるさん「江戸時代には飛きゃくとよばれる職業の人たちが走って運んでいたみたいだよ。」
ゆうきさん「そうなんだ。東京から大阪まで運ぶには時間がどれくらいかかったのかな。」
ひかるさん「今とちがって夜は暗くて走れないから、走ることのできる時間は限られていたけれど、それでも９日もあれば届《とど》けることができたみたいだよ。」

（１）東京から大阪までの道のりを５４０ｋｍとするとき、飛きゃくが９日間かけて走ったときの走る速さは時速何ｋｍか求めましょう。また、その求め方を書きましょう。（字数の制限はありません。）
ただし、１日に走ることができるのは午前６時から午後６時までとし、と中の休けい時間は考えないものとします。

ゆうきさん「百科事典で飛きゃくについて調べていたら、絵が出てきたよ。」
ひかるさん「荷物を棒《ぼう》のようなものにくくりつけているけれど、どうしてかな。」
ゆうきさん「てこの原理を利用して、重い荷物でも小さな力で持ち上げられるようにするためじゃないかな。」

（２）飛きゃくが荷物などを持ち上げるとき、てこの原理を利用して、小さい力で荷物を持ち上げられるような工夫をしています。このとき、てこの原理の作用点、支点、力点はそれぞれどの部分に当たるかを１００字以内で書きましょう。
（３）飛きゃくが棒のようなものの長さを変えずにより重い荷物を持ち上げるとき、どのような工夫をすればよいですか。その方法を１００字以内で書きましょう。

※問題は次のページにもあります。

［問４］　ゆうきさんとひかるさんは、学園祭の準備をしています。

ゆうきさん「みんなが楽しめるようなものを作りたいな。」
ひかるさん「そうだね。小さい子が入って遊べるようなものを作ろうか。」
ゆうきさん「それはいいね。まず、一辺が９０ｃｍになるような立方体をダンボールで作ってみようか。」

（１）一辺が９０ｃｍの立方体の体積は何m^3になるか求めましょう。また、その求め方を６０字以内で書きましょう。
ただし、ダンボールの厚さは考えないものとします。

ゆうきさん「見取り図をかいてみたよ。このように正方形の対角線や、正方形の一辺を直径とする半円を切りとって、出入り口や顔を出せる窓《まど》を作りたいな。」

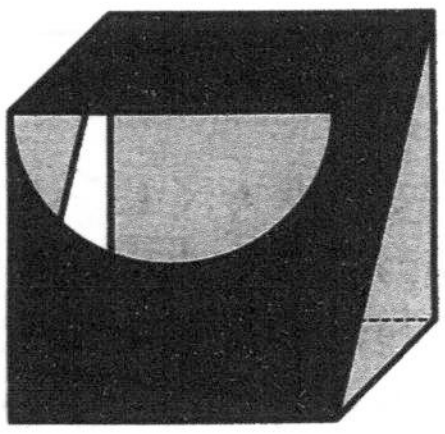

（２）下の図に図形をつけ足して、ゆうきさんがかいた見取り図の展開《てんかい》図《ず》を完成させましょう。

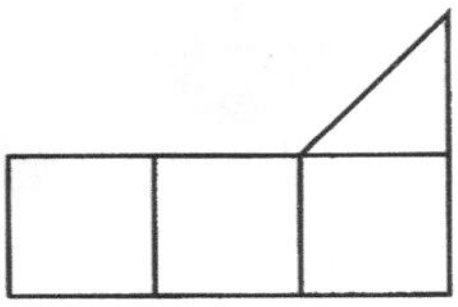

［問５］　ゆうきさんとひかるさんは、授業で学習した電磁石《でんじしゃく》について話をしています。

ゆうきさん「電磁石は私たちの身近なところで利用されているみたいだね。」
ひかるさん「そうだね。例えば、アルミかんとスチールかんの分別にも使われているみたいだよ。」
ゆうきさん「電磁石は磁石と同じで、スチールかんだけを引きつけるからね。でも磁石ではなく、電磁石を使うのはどうしてなのかな。」

（１）アルミかんとスチールかんの分別に磁石ではなく、電磁石を用いるのはどうしてですか。磁石と電磁石のちがいがわかるように８０字以内で書きましょう。

ゆうきさん「電磁石は流れる電流の大きさを変えることで、磁石の力の大きさも変えることができるんだよね。」
ひかるさん「授業ではそう教えてもらったね。ここにかん電池とコイルと導線があるから確かめてみよう。」

（２）かん電池が３つあるとき、最も大きい電流を流すには、どのようにかん電池とコイルを導線でつなげばよいですか。そのつなぎ方を図でかき、そのようにつないだ理由を６０字以内で書きましょう。

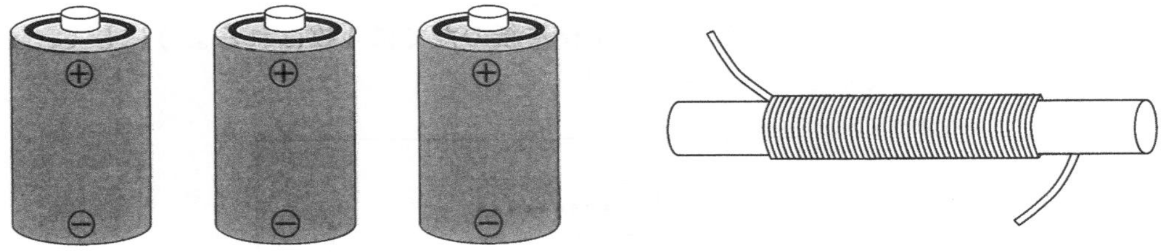

※問題は次のページにもあります。

［問６］　ゆうきさんとひかるさんは、クラスの４０人がそれぞれ考えた「クラスキャラクター」のポスターを模造紙《もぞうし》にはろうとしています。

ゆうきさん「模造紙は、たてが６０ｃｍ、横が６４ｃｍの長方形だよ。」
ひかるさん「そのままはるのではなく、まず長方形の色画用紙にポスターをはって、それを模造紙にはるのはどうかな。」
ゆうきさん「そうだね。その方がきれいに見えるね。全員分をすき間なくはるには、色画用紙１枚の大きさはどのくらいになるのかな。」

（１）たてが６０ｃｍ、横が６４ｃｍの長方形の模造紙にすき間なく、４０人分の長方形の色画用紙をはるとき、色画用紙１枚の面積を求めましょう。また、その求め方を８０字以内で書きましょう。

ゆうきさん「色画用紙１枚の面積はわかったけれど、たてと横の長さはどうすればいいかな。」
ひかるさん「長方形の色画用紙のまわりの長さの合計を４０ｃｍにしてみよう。」

（２）長方形の色画用紙のまわりの長さの合計が４０ｃｍのとき、たてと横の長さを求めましょう。また、その求め方を書きましょう。（字数の制限はありません。）

ゆうきさん「でも、同じはばで間を空けた方が見やすいかな。」
ひかるさん「そうだね。ここに、たてが７０ｃｍの長方形の模造紙があるけれど、横の長さはどのくらいあればいいかな。」
ゆうきさん「長方形の色画用紙の大きさを、たてが１５ｃｍ、横が１０ｃｍに変えて、その色画用紙を模造紙のたてに４枚はれるようにして、４０人分をはってみよう。」

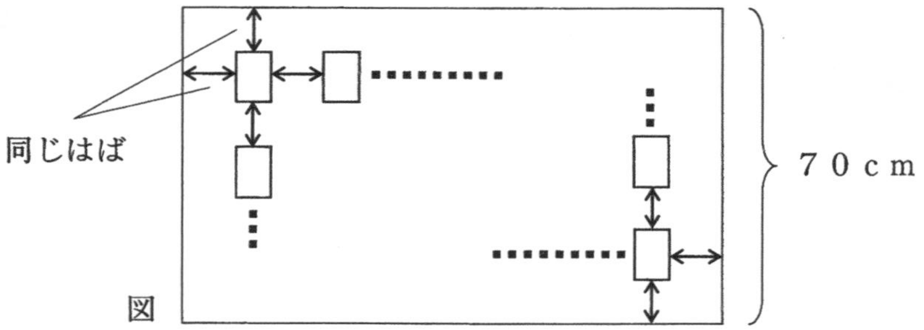

図

（３）図のように、色画用紙のまわりに同じはばの間を空けるとき、模造紙の横の長さを求めましょう。また、その求め方を書きましょう。（字数の制限はありません。）

※以上で問題は終わりです。